Julian M. White

O
TAROT
 DE
MAR
SELHA

Julian M. White

O TAROT DE MARSELHA

ISIS

© Publicado em 2014 pela Editora Isis.

Revisão de textos: Rosemarie Giudilli
Diagramação e capa: Décio Lopes

DADOS DE CATALOGAÇÃO DA PUBLICAÇÃO

White, Julian M.

O Tarot de Marselha/Julian M. White | 1ª edição | São Paulo, SP | Editora Isis, 2014.

ISBN: 978-85-8189-062-3

1. Tarô 2. Arte Divinatória I. Título.

Proibida a reprodução total ou parcial desta obra, de qualquer forma ou por qualquer meio seja eletrônico ou mecânico, inclusive por meio de processos xerográficos, incluindo ainda o uso da internet sem a permissão expressa da Editora Isis, na pessoa de seu editor (Lei nº 9.610, de 19.02.1998).

Direitos exclusivos reservados para Editora Isis

EDITORA ISIS LTDA
www.editoraisis.com.br
contato@editoraisis.com.br

Sumário

Introdução 7
As Origens do Tarô 8
Evolução Histórica do Tarô 10
O Segredo do Tarô 12
Como Devemos Abordar o Tarô? 13
O Tarô de Marselha 14
Os Arcanos Maiores 15
    O Louco *17*
    O Mago *20*
    A Sacerdotisa *23*
    A Imperatriz *26*
    O Imperador *29*
    O Papa *32*
    Os Dois Caminhos *35*
    A Carruagem *39*
    A Justiça *42*
    O Ermitão *45*
    A Roda da Fortuna *48*
    A Força *51*
    O Enforcado *54*
    O Arcano Sem Nome *57*
    A Temperança *60*
    O Diabo *63*
    A Torre *66*
    A Estrela *69*
    A Lua *72*
    O Sol *75*
    O Juízo *78*
    O Mundo *81*

Os Arcanos Menores 83
    Os Ouros 84
    Ás de Copas 99
    Ás de Espadas 113
    Os Paus 128
Ler o Tarô de Marselha 143
A Respeito das Tiradas 144
Cartas Invertidas 147
Alguns Exemplos de Tiradas 148
    Tirada de três cartas 148
    Tirada de cinco cartas 149
    Tirada das sete cartas 150
    Tirada para tomar uma decisão 150
    Tirada a da ferradura 151
    Tirada da cruz celta 152
    Tirada Yin Yang 153
    Tirada para saber sua missão nessa vida 155
Conclusão 157

Introdução

O que é o tarô? São muitas as definições que poderiam ser atribuídas a esse curioso baralho de cartas. Tudo depende do nível do indivíduo e da própria compreensão deste. O que para alguns não passa de um simples jogo ou, inclusive, um punhado de cartões com estranhos desenhos sem sentido, para outros é um instrumento apreciado e valioso, capaz de permitir que a pessoa amplie consideravelmente as habilidades intuitivas. Para estes, o tarô é algo que pode resultar muito útil nos momentos em que alguém necessite de conselho ou de guia.

Se examinar detidamente o tarô, verá que se trata de um sistema complexo, formado por 78 imagens distintas e entrelaçadas. É surpreendente que estas imagens tenham a capacidade de revelar o funcionamento interno da própria mente e também, até certo ponto, o do mundo que o rodeia.

A utilização deste sistema não requer dotes especiais de clarividência nem qualquer outra habilidade estranha; simplesmente se necessita de certa destreza no uso da mente criativa, mas nada mais além das faculdades normais que qualquer pessoa possui.

De fato, o que realmente faz o tarô é subministrar uma linguagem simbólica, que possa comunicá-lo com um nível de consciência diferente do que é usado na sua vida cotidiana. Trata-se de um nível que não está delimitado pelas percepções dos cinco sentidos nem pelo funcionamento da mente linear e lógica.

Contudo, não por isso deve ser considerado o tarô como algo estranho ou misterioso. O tarô não é nada elitista nem é assunto de pessoas incultas ou ignorantes. E tão pouco se trata de superstição. É simplesmente um meio que pode permitir-lhe avaliar as situações que não se encontram ao alcance direto da mente racional. E é também um extraordinário instrumento que irá ajudá-lo a conhecer-se a si mesmo e a cultivar e a desenvolver a intuição.

As Origens do Tarô

Até que Vasco da Gama contornasse com suas naves o cabo da Boa Esperança, todo o comércio europeu com a Ásia era realizado mediante a utilização de caravanas que tendo por base a cidade italiana de Veneza, chegavam ao distante Oriente.

O veneziano Marco Pólo plasmou magistralmente suas experiências de uma dessas viagens. Naquela época, a cidade de Veneza mantinha relações comerciais com diversos países do Oriente, dentre eles a China da dinastia Yuan, com o conseguinte enriquecimento com objetos exóticos, pinturas, desenhos, inventos e avanços científicos. Assim, o norte da Itália chegou a se converter em um centro econômico e artístico do mundo ocidental.

Florença e Veneza passaram a ser poderosas cidades Estado, governadas por príncipes famosos. Nelas floresceram os negócios internacionais, a criação artística e a política. Seus governantes e as famílias da nobreza promoviam a arte e a criatividade e foi nas referidas cidades em que apareceram os grandes artistas do Renascimento que todos conhecemos.

Muitos consideram que foi nesse lugar, há seiscentos anos, que apareceu o tarô pela primeira vez, em forma de preciosas lâminas pintadas à mão, com linhas de ouro incrustadas. O tarô mais antigo que chegou a nossos dias é precisamente um desses objetos artísticos. Trata-se do tarô conhecido com o nome de *Visconti-Sforza*, realizado por *Bonifácio Bembo*, em meados do século15, que o pintou por encomenda para as bodas da filha do duque de Milão, *Bianca Maria Visconti*, que no ano de 1441 casou-se com *Francesco Sforza*.

Entretanto, ainda que o tarô de *Visconti-Sforza* seja considerado o mais antigo por muitos, não faltam dados que apontem a épocas remotas. Algumas das figuras que fazem parte dos Arcanos Maiores são encontradas esculpidas em baixos-relevos de monumentos góticos construídos quase trezentos anos antes, como ocorre com a "Força", o "Diabo" e a «Temperança», as quais podem ser contempladas na Catedral de Chartres ou com a figura da «Torre», que aparece na Catedral de Amiens.

Sabemos também que no ano de 1240, o sínodo de Worcester proibiu aos clérigos "o desonesto jogo do Rei e da Rainha", frase que alguns veem como referência às cartas do tarô. de acordo com as afirmações de Oswald Wirth, por aquela época, Ramon Llull (1235-1315) teria conhecido também os 22 arcanos maiores. E naturalmente não faltam aqueles que atribuem ao tarô uma origem egípcia ou asiática muito anterior.

Entretanto, de onde procedem realmente as figuras dos arcanos maiores? Como chegaram a integrar-se nos jogos de cartas existentes desde a muito tempo para finalmente formarem o tarô, tal como se conhece na atualidade? A verdade é que estas e muitas outras perguntas permaneceram até agora sem uma resposta definitiva.

Evolução Histórica do Tarô

Como quer que fosse, nos fins do século 15, o tarô, como simples jogo de cartas, estava já bastante difundido por toda a Europa. Os modelos italianos e franceses haviam evoluído com diferentes desenhos; a maioria deles apresentava uma estrutura muito parecida com a atual, quer dizer, constavam dos quatro grupos de cartas ou "paus" que formam os arcanos menores e das figuras ou "triunfos", conhecidos hoje por arcanos maiores.

Com a chegada e a rápida difusão da imprensa, as cartas passaram a ser impressas com molde de madeira e isso contribuiu enormemente para torná-las populares. Nos meados do século 17, o tarô mais comum era o de Marselha, considerado atualmente o pai de todos os tarôs modernos. Foi precisamente um baralho do tarô de Marselha o que, no ano de 1775, viu por casualidade, o erudito *Antoine Court de Gébelin* e sentiu-se instantaneamente fascinado por suas imagens. Apoiando-se, tanto na própria intuição, quanto em diversas investigações, *Court de Gébelin* reuniu uma importante quantidade de informações de caráter esotérico acerca do tarô e publicou esses trabalhos em um livro que intitulou *Le Jeu des Cartes* (*O Jogo das Cartas*).

Com a grande difusão que teve a obra de *Gébelin*, a sorte do tarô como instrumento intuitivo e de adivinhação estava lançada. Deixou imediatamente de ser um jogo de cartas para se converter em algo muito mais sério e transcendente, carregado agora com uma auréola de profundidade, de mistério e de esoterismo. Assim, durante quase todo o século 19, seu uso foi quase exclusivamente divinatório. Logo a partir da primeira metade do século 20, passou a ser utilizado por várias escolas esotéricas como ajuda para meditação e a exploração dos mundos interiores. Finalmente chegou aos nossos dias com múltiplas aplicações. Por um lado estão aqueles que o utilizam para ganhar a vida e cujos anúncios vemos nos jornais das grandes cidades. Por outro, temos aqueles que o reverenciam, considerando-o uma espécie de fichário hieroglífico, um compêndio resumido e codificado de todo o saber a que a Humanidade chegou um dia, em uma época já muito distante, sendo recopilado para a posteridade pelos sábios de então, conscientes de que sua civilização ia ser totalmente destruída. Os seguidores do psicólogo suíço, Karl Jung veem nas figuras dos arcanos representações dos arquétipos universais ou dos modelos nos quais se baseia o subconsciente para ir condicionando o comportamento humano. E finalmente, estão também aqueles que simplesmente se dedicam a colecionar maços de tarô, do mesmo modo como em outras épocas se colecionavam figuras de porcelana ou caixinhas de rapé.

O certo é, quer consideremos o tarô como um compêndio do simbolismo astrológico e oculto da Antiguidade, quer o vejamos com os argumentos psicológicos do século 21, suas imagens seguem tendo um poder e uma atração inegáveis. Exerceram grande fascínio sobre as pessoas ao longo da História e continuam exercendo-o na atualidade.

O Segredo do Tarô

Quem quer que empreenda seriamente o estudo do tarô, logo se dará conta de que ele tem mais do que se vê num simples olhar. Em seguida se torna evidente que atrás do tarô existe um mistério oculto e de fato essa é a razão pela qual fascinou a Humanidade durante mais de seiscentos anos.

Como, todavia, ocorre com todos os mistérios, o poder oculto do tarô não é algo que resulte óbvio para todos, não obstante, não por isso, deixe de ser real. A forma de descobrir essa realidade oculta é encontrar a chave a qual possa abrir a porta do mistério. E o curioso é que esta chave consiste em algo muito simples. Tão simples que se lhe passa despercebida pela maioria.

Talvez tenha sido *Gareth Knight*, quem, pela primeira vez, revelou abertamente o segredo que abre as portas do tarô a todo aquele que de verdade queira traçá-las. Esse segredo é muito simples e vou dizê-lo a você com toda clareza. Consiste em dirigir-se ao tarô e em tratá-lo mentalmente como se estivesse dirigindo-se a uma pessoa real. Essa forma de agir pode parecer descabeçada ou louca, mas esta é a prova e qualquer um pode realizá-la. Se você trata o tarô como uma pessoa, ele lhe responderá como uma pessoa. Alguém muito sábio e amistoso, a quem poderá acudir em busca de conselho, sempre que o deseje. É evidente que isso requer um ato de fé de sua parte, mas assim é tudo na vida. Nada se dá de maneira gratuita. Tudo tem um preço e, neste caso, o preço é este ato de fé e também o esforço mínimo necessário para aprender a manejar as cartas. Quem não estiver disposto a pagar este preço, não obterá do tarô absolutamente nada que valha a pena. Sua porta permanecerá fechada para ele. Ao tarô não se lhe pode submeter estudos científicos ou estatísticos, realizados a partir de uma postura externa, acética ou de superioridade. O tarô é como um amigo sábio e fiel que apenas se abre a quem lhe demonstre confiança e a quem aja com ele de maneira aberta e sincera.

Como Devemos Abordar o Tarô?

O ideal seria que toda consulta ao tarô se fizesse com a finalidade de ampliar a compreensão individual, quer se trate de entendermos melhor a nós mesmos e os motivos que nos faz agir de uma forma determinada, ou melhor, de ampliar o próprio conhecimento das forças que influem na vida do ser humano, tanto interna, quanto externamente.

De qualquer modo, sempre é necessário ser muito cuidadoso com a maneira pela qual abordamos o tarô, pois conforme seja o modo como o abordemos, assim nos tratará ele a nós. Quem se lhe aproxima em zanga, é muito possível que apenas receba respostas desorientadoras. A ele deve tratá-lo como trataria um bom amigo, com respeito e confiança. Quanto às perguntas que se lhe possam colocar, não há limitações, mas o tipo de pergunta que alguém realize é vital para determinar a resposta que o tarô dará. A precisão da resposta depende da exatidão da pergunta. Quanto mais precisa for esta, mais exata será a resposta. Se a pergunta é vaga e geral, também será a resposta.

Naturalmente também é importante que, quando formular a pergunta, esteja calmo e concentrado no que vai fazer. É bom que se busque momento e lugar nos quais não venha a ser molestado nem interrompido. Se estiver nervoso e ansioso, ainda que esses sentimentos não tenham nada a ver com a pergunta, é possível que as cartas do tarô lhe deem uma resposta sobressaltada e errada, de difícil interpretação. Durante um momento é necessário deixar de lado as preocupações, acalmar a mente, observar tranquilamente a respiração, sem pensar em nada e a seguir elaborar a pergunta. Há ocasiões em que, à primeira vista, ninguém poderia pensar que a resposta que o tarô nos dá guarde relação alguma com a pergunta que acabamos de fazer nem com nossa situação atual. Nestes casos, não se deve precipitar em fazer este tipo de juízo. Vale a pena conceder-se um tempo para refletir sobre a resposta recebida. Em algum momento, ela se tornará clara à mente.

O Tarô de Marselha

Corria o ano de 1760, quando o impressor de baralhos, *Nicolas Conver*, baseando-se nos tarôs clássicos da época, criou um tarô a que deu o nome da sua cidade, Marselha. Esse modelo de ver desfrutou rapidamente de grande popularidade e estendeu-se por toda a França e também além das suas fronteiras. O tarô de Marselha é a origem de praticamente todos os tarôs existentes na atualidade. Seu rico e, por sua vez, austero simbolismo, converte-o em excelente instrumento de "conexão com a individual sabedoria interior". As figuras e a bagagem simbólica do tarô de Marselha são as mesmas que se encontravam nos tarôs dos finais do século 15 e princípios do século 16, ainda que os desenhos do tarô de Marselha sejam mais estilizados e suas cores mais simples do que os pintados à mão, devido às limitações que a impressão nos moldes de madeira exigia naquele tempo. Quase 250 anos mais tarde, o tarô de Marselha continua sendo um dos mais populares e utilizados, especialmente na França e também em outros países europeus. O tarô em que está baseado este livro reproduz com toda fidelidade as formas e as cores originais dos modelos existentes na época de Nicolas Conver.

Os Arcanos Maiores

As 22 cartas que compõem os arcanos maiores, ou trunfos, contêm o significado e os mistérios mais profundos.

Cada um desses 22 desenhos contém ideias arquetípicas que são como os 22 pilares que sustentam o mundo e todos os mundos. Ao mesmo tempo, cada um destes 22 arcanos reflete um aspecto do nosso próprio ser. Em outra ordem de coisas, os 22 arcanos maiores representam também uma progressão, mostrando-nos a passagem da alma humana pelo mundo, vida após vida, em seu caminho ascendente até a compreensão, até o conhecimento e até a perfeição. Alguns dos arcanos maiores parecem transmitir um significado claro por se referirem às virtudes: a força, a justiça ou a temperança. Outros representam certo tipo de pessoa ou certo modo de enfocar a vida, como o Louco, o Mago, o Imperador ou o Ermitão. Por sua vez, as cartas com nomes de astros: o Sol, a Lua ou a Estrela, parecem vincular o tarô com a astrologia, enquanto que o arcano sem nome (a Morte) ou a Torre, mostram-nos a desgraça ou a queda do sistema em vigor. Contudo, não se deixe enganar: o tarô é um livro que pode ser lido em muitos níveis distintos.

Antigamente, cada uma dessas cartas era utilizada para criar estados mentais e espirituais determinados. Isso implicava uma meditação intensa sobre o arcano em questão e essa meditação permitia compreensão profunda dos seus significados mais ocultos. Ao manter, durante certo tempo, uma chave na mente, é possível captar e absorver um conhecimento que vai muito mais adiante do que se pode comunicar de maneira oral ou escrita. O verdadeiro sentido de cada uma das cartas tão somente lhe chegará de forma direta, talvez, através de imagens mentais, de ideias, sonhos ou intuição.

A seguir, explicam-se os significados de cada um dos arcanos maiores. É importante levar em consideração que estas são apenas algumas ideias iniciais, que talvez o ajudem a começar a construir uma relação com o tarô que tem de ser única e pessoal. Aprender os significados das cartas de um livro ou de uma pessoa não é suficiente. É necessário chegar a conhecer cada um dos arcanos e conseguir convertê-lo em parte da própria experiência, como se tratasse de cultivar uma amizade. Somente assim poderá obter todos os benefícios que o tarô aporta para si. E não se esqueça do Segredo.

O Louco

Temos um homem que avança sem rumo, mas também sem preocupação com o olhar dirigido ao céu. Seu estranho chapéu amarelo que se estende e acaba numa bola vermelha, faz com que dificilmente passe despercebido, mas isso pouco lhe importa. O louco encarna a liberdade total, liberdade até para se disfarçar de vagabundo ou inclusive de bufão, pois sua indumentária recorda-nos um pouco a dos bufões. Para alguns, apenas ele decide o caminho que vai seguir. Para outros, a própria inconsciência faz com que o referido caminho lhe seja totalmente indiferente, totalmente submetendo-se aos desígnios da natureza. Vemos que o louco tem a calça rota, seguramente foi o cão que a rasgou. Trata-se de um cão que quer retê-lo e evitar que parta ou é um animal alheio que procura afugentá-lo e inclusive mordê-lo, esfarrapando suas calças? Este é um dentre os mistérios desta carta. Os pertences do louco são bem escassos e leva-os em uma trouxa cor de carne, às costas, pendurada por um bastão. No tarô de Marselha, o louco, pelo que lhe corresponde o número zero, é considerado a chave número 22. Representa o tudo e o nada. É uma realidade de ordem distinta de todas as demais cartas. É o caos primordial, o que há antes da manifestação física, a não existência da qual surge tudo quanto existe. É muito usual que o louco represente quem consulta. Sua interpretação, nos diferentes aspectos humanos, pode estar relacionada com as seguintes indicações, dependendo das cartas que a rodeiam.

Personalidade: Inconsciência e extravagância, impulsividade, originalidade, criatividade transbordante e exótica, aturdimento, atos irreflexivos.

Plano afetivo: Relações decepcionantes, necessidade de fugir, de escapar, de se liberar, instabilidade e carência de objetivos comuns no casal.

Profissão: Insegurança e insatisfação no trabalho, desejo de fugir das responsabilidades laboriosas, esforços não recompensados, falta de apoio dos companheiros, talvez seja um bom momento para mudar de emprego.

Saúde: Esta carta pode referir-se a qualquer problema de tipo psíquico ou a qualquer desordem ou desequilíbrio mental.

Economia: O descuido e a falta de responsabilidade associados com o louco costumam acarretar altos e baixos, preocupações e problemas econômicos.

Espiritualidade: O exercício da liberdade interior levará a pessoa ao equilíbrio e à paz. Defende a liberdade individual e o privilégio de agir conforme as próprias inclinações íntimas, mas se mantém atento para não cair no egoísmo.

Síntese do arcano: Tome para si o tempo que necessite a fim de pôr as próprias ideias em ordem. A precipitação aloucada, sobretudo, caso se deva a pressões externas, só conduz ao caos. Ouça a voz interior. Não se esqueça de que em última instância, a vontade individual é a que manda. Siga ideias próprias, a genialidade e a originalidade próprias, ainda que procure não cair no absurdo. Evite a confusão, a dispersão excessiva e a extravagância, mas contemple confiante o futuro.

O Mago

O mago mantém-se em pé com as pernas ligeiramente abertas, e seu rosto expressa ligeiramente um olhar voltado para o futuro. Esta é uma postura de poder, a posição de quem vai se realizar. Seu chapéu costuma ter a forma de um oito horizontal, o símbolo do infinito. A mesa sobre a qual repousam seus implementos tem a mesma cor que a carne, talvez indicando que o trabalho do mago deverá realizar-se no plano humano. Curiosamente, vemos apenas três pernas da mesa. Isto pode indicar tanto um equilíbrio precário, que implique certos riscos, quanto o fato de que algo importante permanece misteriosamente oculto. Os objetos que repousam sobre a mesa representam todos os planos: físico, emocional, afetivo, intelectual. As duas mãos estão ocupadas com objetos esféricos. Na direita, sustém uma pequena esfera e na esquerda, um bastãozinho. A esfera pode simbolizar os corpos celestes que compõem o zodíaco, enquanto que a varinha, costuma-se interpretar como um instrumento de medida. Ou é, talvez, algo mais? A simetria do traje do mago remete-nos a todos os pares de opostos que unidos formam o todo: o dia e a noite, a luz e a escuridão, o físico e o espiritual.

O número deste arcano é o um. O princípio. A origem. O momento presente. A projeção inicial para o mundo manifestado. Ao haver surgido do não manifestado, o um é o princípio do caminho visível, a primeira pedra, os materiais, o trabalho e o saber. É muito usual que essa carta represente o que consulta. Em geral, o mago é aquele capaz de trazer à manifestação física algo que antes estava, todavia, em um mundo imaterial, talvez, no plano das ideias ou em nível astral.

Personalidade: Originalidade, criatividade, força, destreza, iniciativa, habilidade e, sobretudo, vontade para levar a cabo qualquer novo projeto.

Plano afetivo: Indício de novos encontros com possibilidades favoráveis. A situação familiar ou do parceiro melhorará. Harmonia e tendência ascendente.

Profissão: Possível ascensão ou promoção profissional. Talvez propostas para iniciar algum novo projeto ou inclusive um novo trabalho. Incremento nas responsabilidades, mas também no estatuto do trabalho, no reconhecimento dos méritos e na percepção econômica.

Saúde: Boa saúde em geral. Risco de sofrer enxaquecas e dores de cabeça.

Economia: A confiança em si mesmo facilitará a solução de qualquer problema de tipo material ou financeiro que aflija o consulente. Boas possibilidades de uma melhoria econômica notável.

Espiritualidade: Curiosidade que pode abri-lo em um novo nível, em uma tomada de consciência.

Síntese do arcano: A aparição do mago indica a possibilidade de lograr a realização, qualquer coisa que isto possa significar para o consulente. Tem este, ao alcance das mãos, todos os elementos necessários para realizar sua obra, para converter o projeto em realidade. Deverá, porém, agir com mesura e com prudência. O caminho que haverá de seguir não está isento de perigos, porém todo o Universo o ajudará a alcançar seu objetivo.

22 | O Tarot de Marselha

A Sacerdotisa

Envolta em seu manto, a grande sacerdotisa, imóvel e misteriosa, medita sobre seus conhecimentos. O seu mundo é o do silêncio, o da sabedoria e o da serenidade. É a guardiã do templo que não permite aos intrusos e não iniciados a passagem ao conhecimento. Apenas aqueles que possuem a sinceridade e o compromisso necessários poderão levantar ligeiramente o véu que há atrás dela. O número dois é o símbolo da oposição e da reflexão. É o dia e a noite, a morte e a vida, o branco e o negro. O dois encarna a dualidade no seu aspecto criativo. A sacerdotisa ou a papisa, como costuma ser denominada em francês, é a única figura em todo o tarô que mostra um livro. Trata-se do livro da vida, em que estão escritos os registros de tudo o que foi e será, de tudo o que afeta a vida, o futuro do consulente e de todos nós. É o livro sagrado que encontramos em todas as religiões e que recopila todo o saber externo ou esotérico, e para aqueles que sabem ler entrelinhas, também a sabedoria interior e transcendental.

Os três níveis da sua tiara indicam-nos que a sacerdotisa possui a revelação dos três estados da natureza. O rosto impassível reflete a sabedoria, a calma e a serenidade absoluta. O véu que há atrás nos separa de tudo aquilo que existe mais além das aparências. A sacerdotisa relaciona e entende os conhecimentos adquiridos anteriormente e ao meditar sobre eles recria-os e os ensina aos demais. Explora seu mundo interior e aprende a conhecer-se e a confiar em si mesma. O desenvolvimento da memória e a observação permitem-lhe imaginar e conceber o lado oculto das coisas. Ao decifrar os segredos da natureza pode penetrar na alma das pessoas e entendê-las. É capaz de ajudar, ensinar ou curar. A pessoa representada por esta carta costuma ser discreta e carinhosa. Ao mesmo tempo é muito reservada na hora de exteriorizar a própria vida interior ou os próprios sentimentos.

Personalidade: Discrição e descontração. Busca da sabedoria profunda mais além das aparências. Reserva intuição, serenidade, atenção e paciência.

Plano afetivo: Às vezes, pode ser indício de uma relação ou de uma afetividade secreta, não obstante, os sentimentos implicados sejam sempre profundos e sinceros. As relações amistosas transcorrem sempre em clima de paz e serenidade.

Profissão: Talvez algo novo esteja gestando no ambiente profissional ou, ainda que, todavia permaneça oculto à vista ou ao conhecimento de todos. A dedicação atenta ao trabalho será muito benéfica, assim também a reflexão baseada em dados intuitivos.

Saúde: Possíveis problemas do tipo circulatório ou linfático. Também existem riscos de dificuldades no sistema urogenital.

Economia: Uma atitude prudente e tranquila logrará facilmente um proveitoso equilíbrio financeiro.

Espiritualidade: A reflexão e a meditação abrem as portas a uma grande riqueza interior. A contemplação assídua desta lâmina ajuda a trazer ao plano consciente conhecimentos e fatos que até agora permaneciam ocultos atrás do véu do inconsciente. É de grande ajuda para desenvolver tanto a memória quanto a intuição.

Síntese do arcano: A sacerdotisa é um convite à meditação, à sabedoria e também à fé. A via mais apropriada para resolver qualquer problema é, neste caso, a paciência e a reflexão sempre atenta a sinais vindos do interior.

A Imperatriz

Com sua coroa de ouro, a imperatriz se nos apresenta sentada de frente, em atitude que não deixa dúvida alguma acerca da sua disponibilidade e de sua benevolência. É a personificação da fecundidade universal e a expressão da matéria espiritualizada. O número três que corresponde à imperatriz é o número da multiplicação e refere-se a todos os processos naturais de produção e reprodução. A imperatriz é a última parte da tríade inicial do tarô e representa o corpo físico e o mundo material no seu aspecto de crescimento e exuberância. Dela provém o prazer dos sentidos e a abundância da vida em todas as suas formas. Também é o arquétipo da mãe e como tal nos dá um primeiro vislumbre do poder do amor no tarô. Ao mesmo tempo é uma representação da grande mãe natureza. "Sua riqueza consiste no fato de alimentar a todos os seres e sua grandeza em outorgar beleza e magnificência para todas as coisas". É a doadora de vida, sustento e segurança ainda que cedo ou tarde estes deverão ser abandonados, sob pena de morrerem devorados por eles.

A experiência criadora fortalece e reforça sua identidade, gerando alegria e confiança. Possui e administra seus recursos com esplendor e sabe combinar os materiais ao seu alcance para lograr beleza. Também organiza tudo com talento e hábil sagacidade. É capaz de se fazer obedecer com doçura e sem usar sua autoridade. O mundo da imperatriz é o lugar perfeito, formoso, ideal, totalmente natural, sem cores, luzes nem sons artificiais. É um lugar de generosidade e fertilidade, uma representação viva do processo de criação e de nascimento que a própria imperatriz simboliza.

Personalidade: O que na sacerdotisa é mistério, na imperatriz é luz. A inteligência natural da imperatriz dissipa as trevas da dúvida. Seus traços são a lucidez, o discernimento, a ação e a criação. É totalmente eficaz, e ao seu redor tudo floresce e frutifica de uma forma ordenada.

Plano afetivo: Indica felicidade e alegria. Encontros e contatos harmoniosos e agradáveis. A comunicação aberta permite desenvolver relações felizes. Tanto no campo do amor quanto no campo da amizade essa rainha é sincera e irradia luz e calor.

Profissão: Pode esperar-se êxito. Os projetos irão se concentrar e tomarão forma. As negociações serão rápidas e sem travas. É importante manter abertas todas as vias de comunicação e, sobretudo um espírito vivo e atento. Se for assim, tudo se realizará de um modo perfeito e natural.

Saúde: É importante não abusar das próprias forças. O excesso na comida pode também resultar danos. Deverá cuidar especialmente do trato digestivo, sobretudo, do intestino.

Economia: Ainda que esta carta anuncie certa bonança econômica, é importante que se refreie os gastos, muitas vezes consequência de querer agradar e causar boa impressão aos demais.

Espiritualidade: Mostra uma ocasião muito favorável para abrir-se às energias cósmicas positivas e para aproveitá-las para o próprio crescimento e cura.

Síntese do arcano: A imperatriz aconselha-nos a reforçar nossa conexão com a natureza. Com frequência, errôneas solicitações e falsos prazeres apartam-nos das nossas raízes, e ela vem nos recordar que devemos permanecer com os pés bem firmes no solo. Pode referir-se também a qualquer dos aspectos da maternidade; não obstante, sendo um arcano maior, mais que pessoas ou circunstâncias, costuma representar aspectos essenciais como a criação da vida em geral e sua conservação cuidadosa com atenção e amor. Também representa todos os tipos de abundância. É o corno da fortuna, repleto de todas as delícias sensuais, alimentos, prazeres e beleza. É uma carta que nos anima a abraçar a vida e sua abundante beleza.

O Imperador

Vemos um homem de perfil, com barba branca, trazendo à cabeça um capacete. Está olhando à direita para a imperatriz. Mais do que sentado, parece apoiado sobre o trono, em uma atitude que mostra perfeitamente o seu poder e a sua determinação para agir em dado momento. Ainda que vigilante se lhe vê seguro e confiante, como o demonstra a mão esquerda apoiada na cintura. O número quatro, simbolizado pelo quadrado ou pela cruz, representa o domínio ativo e a iniciativa sobre o material. É a força que, sem vacilar e energicamente expande, solidifica, edifica, constrói realizações que plasma na vida real. É seu um realismo prático que não se esquece da justiça. É uma eficiência demolidora que transforma o entorno real e uma vontade firme que pacientemente vai convertendo os escolhos em escalões sobre os quais alça uma nova concreção.

O imperador é também uma figura patriarcal, representante por excelência da autoridade do pai. Seu paternalismo abarca pessoas, relações, objetos e poderes, coordenando os esforços para manter o realizado e expandi-lo com prudência até as metas realistas. As pernas cruzadas do imperador desenham claramente o número quatro, e a águia imperial do seu escudo recorda-nos sua autoridade e seu aspecto marcial.

Ao imperador atribuem-se a ordem e a razão soberana. Sua barba e seus cabelos expressam virilidade, decisão e autoridade. Vigia, controla e regula. É, em muitos aspectos, o contrário da imperatriz. Ela é a mãe, ele é o arquétipo do pai, sábio no conhecimento do mundo e na posse de toda informação sobre como viver junto aos demais como parte de uma estrutura. O imperador possui um coração forte e poderoso, o que mostra, porém, através da imposição de regras estritas. Poder-se-ia dizer que é ainda mais protetor do que a imperatriz, pois criou a ordem no caos e não deseja que nada perturbe essa ordem. Sob suas roupas reais esconde-se a armadura que usa com orgulho quando defende aqueles que estão sob sua proteção.

Agrada-lhe que qualquer jogo tenha regras claras e que se cumpram e também que as figuras de autoridade sejam devidamente respeitadas. Nas situações caóticas, o imperador vem nos mostrar a necessidade de organização, pois quer que tudo esteja amarrado e controlado.

Personalidade: A autoridade e a vontade levam a concretizar qualquer projeto. O imperador anuncia energia, competência, domínio, estabilidade. É a figura paterna por excelência e também qualquer representante de autoridade.

Plano afetivo: Indica relações sólidas e estáveis. O lar encontra-se em equilíbrio. Os sentimentos estão baseados na confiança e no costume. Entretanto, cuidado com seus aspectos negativos; o imperador pode passar de protetor a tirano.

Profissão: Poder e mando. Lograram-se avanços através do exercício da autoridade e de um controle férreo. O resultado será um entorno estável e pacífico.

Saúde: Vigiar a tensão arterial. Perigo de congestão e de problemas circulatórios.

Economia: Situação financeira sólida. A segurança material gera certa tranquilidade com respeito ao futuro.

Espiritualidade: Sua inclinação aos aspectos materiais e concretos da realidade não faz com que esse arcano tenha muitas possibilidades de abertura ao espiritual. A evolução será alcançada bem melhor no sacrifício e na sujeição às normas.

Síntese do arcano: Sua aparição, numa tirada, pode indicar um encontro com a autoridade, ou melhor, a necessidade de assumir o controle em uma dada situação. Esse arcano costuma estar relacionado com os assuntos legais, sanções, ações disciplinares ou assuntos oficiais em qualquer das suas formas. Pode representar a figura paterna arquetípica em seu papel de guia, protetor ou sustentáculo. A ideia geral é a de um homem que representa o princípio masculino ou ativo, mas em posição sentada, simbolizando o fato de que já reina sobre algo obtido, pois é uma postura que permite certo descanso.

O Papa

Nessa carta vemos um homem com barba branca, togado, com a tiara pontifícia. Com a mão direita distribui a bênção, enquanto que com a esquerda segura uma cruz com três braços transversais. Duas figuras humanas com a cabeça tonsurada encontram-se de joelhos a seus pés. Esse arcano simboliza a máxima autoridade no campo doutrinal do mesmo modo que o ensinamento dos mistérios religiosos e de todo o sacramental. É o representante da tradição e da parte externa e formal de toda a religião. Implica a submissão a uma ordem estabelecida e a uma hierarquia reconhecida por todos. Pode representar um grupo ou a mais, uma pessoa e na maioria dos casos está mais bem representado por uma instituição, mais do que apenas uma pessoa, pois seu poder é o do grupo e da sociedade.

O papa também é um professor. Uma função importante de todo líder espiritual é iniciar outros e ensinar-lhes os costumes do grupo. É óbvio que aquele que guarda o segredo e a quem se lhe confiam as tradições do grupo é o candidato principal a ensiná-las a outros, e o papa realiza bem essa função. Ainda que seu enfoque de ensino pareça ser demasiado convencional, isso pode ser útil. Até que o aluno não domine os costumes do grupo, não poderá tomar uma decisão adequada sobre se permanecerá nele ou irá deixá-lo.

Quando aparece o papa, costuma fazê-lo sob a forma de um professor, que nos instrui nas tradições das suas crenças particulares. Esses mestres nem sempre têm antecedentes espirituais ou místicos. O papa também pode representar atividades e crenças de grupos, e em qualquer caso acentua o apoio às instituições e respeito pelas regras. A maneira tradicional de fazer as coisas deve funcionar na maioria das vezes, caso contrário, não teria durado o suficiente para chegar a ser uma tradição! Não obstante, quando se prova que uma ideia está equivocada, sem dúvida é tempo de mudar. O papa é o ensino externo, assim também a sacerdotisa representa o ensino secreto, que transmite apenas aos iniciados.

Personalidade: Pessoa de autoridade eclesiástica, ou melhor, um superior na hierarquia profissional. Pode ser um professor artesão ou artista. Alguém com dignidade e sabedoria a que se recorre em busca de conselho.

Plano afetivo: Indica entendimento e indulgência. Relações pacíficas e tranquilas. Em caso de afastamento, preconiza uma pronta reconciliação.

Profissão: Favorável ao ensino e também a certas profissões liberais: advogado, médico etc. Se há que afirmar: contratos serão realizados sem problemas. Os assuntos legais pendentes se resolverão satisfatoriamente, conforme as garantias previstas.

Saúde: Recuperação da saúde. O papa pode representar o médico ou terapeuta que trará o remédio necessário para se obter a melhora. Quando o arcano do papa está mal localizado (junto à torre ou ao diabo), pode indicar dores de ouvido ou problemas auditivos.

Economia: Representa equilíbrio financeiro notável, com proteção clara. A paciência vence todas as dificuldades.

Espiritualidade: A conotação mais importante dessa carta é a fé. Qualquer aspecto espiritual ligado ao papa terá sempre a ver com a religião organizada e oficial.

Síntese do arcano: Sua aparição em uma leitura pode significar aprendizagem com experts ou professores eruditos. Também pode representar instituições consolidadas a seus valores e seus representantes. Simboliza a necessidade de amoldar-se às normas e às situações estabelecidas. Pode indicar, do mesmo modo, que vamos ter de lidar com forças nada inovadoras nem inclinadas à liberdade de pensamento. Isso, porém, não deve ser motivo de alarme: a ortodoxia de grupo pode ser positiva, às vezes, outras, nem tanto, dependendo das circunstâncias. Em ocasiões, será conveniente seguir as normas estabelecidas e a tradição, mas noutras, teremos que nos basear mais em nós mesmos e em nossa própria forma de ver as coisas. Resumindo: o papa representa o apego às formas exteriores, ao convencional, ao credo e ao ritual. O tradicionalismo. A necessidade de seguirmos as normas socialmente aceitas.

34 | O Tarot de Marselha

Os Dois Caminhos

Temos um jovem indeciso entre duas mulheres. Sobre as três figuras humanas cupido dispõe-se a disparar sua flecha. O seis, número dos dois caminhos sempre foi considerado representante do pecado e da fatalidade, indicador de um conflito entre o bem e o mal. O homem da carta parece não saber que caminho tomar. À sua esquerda vemos uma mulher jovem com o cabelo claro e o rosto sereno. Para muitos, ela representa o amor real, espiritual e não manchado pela possessividade. Não obstante, a mulher à sua direita, de cabelos escuros e gesto crispado, parece pôr a mão no ombro com firmeza. Tradicionalmente, interpreta-se que essa o levará por um caminho de sofrimentos e erros. Essa carta é considerada sempre representativa do amor, quer dizer, da lei de atração e recriação mútua no plano humano. Não se trata apenas do sentimento afetivo, senão de uma atração que leva à fusão completa. Também é esse o arcano da polarização que, se é equilibrada, leva ao enriquecimento mútuo em um ritmo pulsante e evolutivo. Se não é equilibrada leva a transtornos e instabilidade em todos os níveis.

E finalmente representa também a dualidade do ser: duas naturezas contraditórias enfrentam-se, e a parte luminosa há de vencer a obscura. A luz não pode fazer pactos com a escuridão nem o revés, pois, se existe uma em determinado lugar, não pode coabitar com a outra.

A eleição se fará mais intuitiva que intelectualmente. Existe tensão e ambivalência porque dois caminhos se separam e há que se escolher um, já que pelo contrário, existe a possibilidade de ficarmos enredados em uma encruzilhada. Não obstante, essa oposição ou tensão entre polos contrários dá lugar à evolução e ao desenvolvimento. A escolha é uma prova e, em momento determinado, os atrativos de ambas as mulheres resultam sedutores. A atração e a polarização física podem engendrar outras faíscas de criatividade nos demais domínios do ser. Caso se produza a faísca, há frutos e cada um se eleva por cima de si mesmo a uma oitava superior. Uma das duas mulheres representa o amor profano que nasce do prazer sensual unicamente. A outra é o amor completo ou integral.

Se o amor é puro, produz-se a alquimia ou transformação do material em algo de nível superior. Uma mulher incita ao desgaste físico e psíquico; a outra inspira até a harmonia e a realização interna. Em qualquer caso, essa polarização sexual gera movimento, quer para a vida consciente, quer para o adormecimento das faculdades superiores. A aparição desta carta numa tirada pode indicar a escolha entre o cônjuge e alguém mais de quem o consulente se enamorou, ainda que possa ser também entre dois possíveis companheiros. Em qualquer caso, a pessoa deverá olhar-se para dentro e dirigir-se ao inconsciente em busca de inspiração. Assim poderá ter acesso à sabedoria, que necessita para que sua escolha seja a correta, pelo bem de todos os envolvidos.

Personalidade: Dúvidas, incerteza, medo diante de uma decisão que há de se tomar. É uma carta indicadora da debilidade humana, do desamparo diante das provas da vida, da carga que supõe o livre-arbítrio e também da inconstância humana.

Plano afetivo: Pode indicar uma crise sentimental. Uma dupla proposição realmente embaraçosa. Emoções encontradas tornam muito difícil optar sobre qual o caminho que se deve seguir. Usualmente, os aspectos mais superficiais do problema fazem com que não captemos suas vertentes ocultas e mais importantes.

Profissão: A inconstância leva-nos a uma posição de debilidade. Os desacordos minam a confiança e fazem com que os assuntos de trabalho se compliquem.

Saúde: Problemas respiratórios ou renais. Possibilidade de acidente leve em que resultem prejudicados os braços ou as pernas.

Economia: O equilíbrio financeiro é muito difícil de ser mantido em uma situação como a que indica essa carta. Sem dúvida, nos aguardam maus momentos e será necessário realizar sacrifícios. Gastos imprevistos e cobranças menores do que os esperados.

Espiritualidade: A saída está, como sempre, em buscar o lado espiritual, em tomar a decisão que, ainda, aparentemente, seja a mais dura de imediato, porém será a mais acertada em longo prazo.

Síntese do arcano: Como vemos os dois caminhos, só podem indicar o fato de ter de tomar uma decisão que é importante. Ter de escolher entre duas opções, entre dois caminhos distintos. Outra ideia também implícita nessa chave é o amor, a força de atração que leva duas entidades a unirem-se, quer se trate de pessoas, ideias ou grupos. Pode referir-se a qualquer tipo de amor, tanto amor romântico e físico quanto o isento de toda sensualidade ou paixão. E a combinação destes dois significados é também uma disjuntiva ética ou moral, um ponto em que se faz necessário decidir entre um caminho fácil e prazeroso e outro mais árido e difícil, porém, mais elevado, mais justo e mais ético. É a eleição entre o altruísmo e a tentação, entre o amor físico e o amor espiritual. As cartas que aparecerem junto aos dois caminhos nos indicarão qual é o significado exato que devemos atribuir a esse arcano.

A Carruagem

Protegido por sua armadura, um jovem está colocado dentro de um carro, puxado por dois cavalos, que aparentemente não se põem de acordo sobre qual direção devem seguir. Uma coroa sobre a cabeça e sustentando um cetro na mão direita, o jovem lança-se assim, para afrontar a realidade da vida. Corajoso e decidido sabe que o esforço e a tenacidade lhe permitirão conquistar qualquer objetivo a que se proponha. O sete, que é o número marcado para esse arcano, e o três, constituem números sagrados por excelência, na maioria das tradições. Assim, temos os sete dias da semana, os sete planetas, as sete notas musicais, os sete Chakras, os sete pecados capitais, as sete cores do arco-íris etc. Na tradição esotérica, o número sete representa a união dos três celestes com as qualidades terrestres do quatro e neste sentido é um número que alcançou a plenitude, a perfeição. Os dois cavalos de cores opostas põem à prova o ânimo do Auriga, pois cada um deles se dirige para um sentido diferente. Não obstante, o personagem é dono do seu destino. Sabe que com seu esforço e sua vontade constante vencerá essa dualidade e conseguirá chegar triunfante. A forma cúbica do carro confirma a poderosa realização material e a realidade física, enquanto que o pálio que o cobre vem evocar as forças celestes. Céu e terra unem-se para ajudar o condutor do carro chegar à sua meta.

Este arcano é o dos líderes natos, que m e puxam para diante com força; o dos militares, que enfrentam, com energia, o inimigo; o dos sujeitos competitivos, que perseguem sucessos e com ousadia resultam vitoriosos; o dos personagens agressivos, que se atiram à próxima cena com grande ânimo e o dos guias espirituais, que conduzem com intuição e idealismo o seu povo ao lugar correto. É um pouco do herói conquistador. O ser inteiro, forjado nas experiências, cheio de plenitude e de vida, apaixonado, mas que por sua vez controla suas emoções e, sobretudo, aspira à verdade.

Personalidade: A tenacidade e a energia levam ao êxito e à vitória. O carro anuncia o triunfo, a luta prévia, o poder de decisão e a perseverança.

Plano afetivo: Pode indicar algum encontro positivo motivado por alguma viagem ou deslocamento. Domínio das emoções e relações afetivas felizes.

Esse arcano evita os conflitos e leva triunfante à felicidade.

Profissão: O trabalho e a tenacidade renderão seus frutos e se conseguirá o objetivo tão desejado.

Saúde: Vitalidade que transborda, vencendo qualquer mal-estar sem importância.

Economia: Confirma o êxito econômico e financeiro. Anuncia possíveis benefícios. Dissipam-se as dúvidas e as preocupações, e o triunfo material impõe-se de uma maneira rápida e eficaz.

Espiritualidade: Harmonia e liberdade de ação. As forças superiores diluem e transformam qualquer vibração inferior.

Síntese do arcano: Com frequência a aparição do carro é indicação de vitória. Por meio da disciplina e da confiança prediz um momento em que toda oposição será vencida. Se a pessoa domina as paixões e crê no poder da própria vontade, virão grande êxito e grande sucesso. Não permita que nada o distraia nem o desvie dos seus objetivos. Se crê no seu próprio poder, nada estará mais além da sua capacidade. Resumindo, podemos dizer que esta carta significa triunfo e êxito em todas as suas formas. Controle sobre as forças da natureza. Recuperação da saúde e vitória sobre as penúrias econômicas ou sobre os inimigos de qualquer tipo. É a carta dos que alcançam algo grandioso.

A Justiça

Nessa lâmina vemos uma mulher de aspecto impassível que, com uma balança em uma das mãos e a espada na outra, dispõe-se a analisar as situações e os fatos que devem ser submetidos a julgamento. Quaisquer que sejam as circunstâncias, ela buscará sempre restabelecer a harmonia, e inspirando-se nas forças superiores e divinas manterá uma linha de conduta impecável.

A justiça ensina-nos a lição mais justa, ainda que a mais cruel de todas, pois, como ocorre com as espadas, sua folha tem um fio duplo. Ninguém obtém o que espera nem sequer o que deseja, obtém-se o que se merece. Se merecer coisas boas, se lhe outorgarão, sem cerimônias nem felicitações. Se merecer um castigo, ser-lhe-á dado sem compaixão nem burla. Apenas se nos devolve o que fizemos. E como não podemos mudar nossas ações, uma vez que a tivermos realizado, se quisermos que nos ocorram coisas boas, teremos de realizar boas ações. Todos podemos ser santos ou demônios, a escolha é nossa.

Quando numa tirada aparece a justiça, deverá ser tomada como um firme ato de recordar que os fatos do passado são a base do que nos ocorre no presente e também do que nos sucederá no futuro. Se fez algo no passado de que se sinta culpado, hoje poderia ser o dia em que responderia por esses atos. Se fez algo pelo que sente que deve ser recompensado, talvez lhe chegue a recompensa. Em especial, quando aparece a carta da justiça, cuide das ações que vai praticar e assegure-se de não fazer algo de que possa se arrepender depois. Com frequência, esse arcano aparece para adverti-lo de que as circunstâncias aparentemente injustas, que está vivendo na atualidade, são simplesmente consequências dos atos praticados ontem.

Personalidade: Pessoa dotada de equidade, imparcialidade, ordem, severidade e sentido prático. O rigor e a lógica permitem-lhe um juízo estrito e eficaz.

Plano afetivo: Em geral, indica bom-senso no que se refere às relações sentimentais. A sinceridade e a honestidade geram sempre equilíbrio em qualquer relação afetiva.

Profissão: Bom indício para qualquer escolha profissional que tenha a ver com o direito ou a administração. Indica que assuntos, antes desordenados, se equilibrarão. Qualquer que seja o assunto do âmbito profissional, será julgado com equidade.

Saúde: O ponto frágil são os brônquios, e há de se cuidar especialmente dos problemas respiratórios.

Economia: A prudência permitirá que as finanças se estabeleçam. É importante ver que as dificuldades e os apuros atuais são resultantes da imprudência e da falta de previsão de tempos passados.

Espiritualidade: Em vez de se referir a uma justiça divina que premia ou castiga, a aparição dessa carta liga-nos melhor com o conceito de harmonia cósmica.

Síntese do arcano: No tarô, o significado geral da justiça é a compreensão de que finalmente a vida é equilibrada e justa, ainda que os vai e vem e as circunstâncias diárias nos façam, às vezes, duvidar deste fato. Recorda-nos a existência do equilíbrio divino e implica a ideia de retribuição ou de sanção por nossas ações passadas. Ao aparecer numa tirada, costuma referir-se a tribunais e assuntos de lei de qualquer índole, especialmente a contratos. Se, acompanhada de ás de ouros, de ás de copas ou do papa, poderá indicar um contrato matrimonial. Pode também vir, quando a pessoa está preocupada e duvida se o que vai fazer é justo ou não. Ou também, em circunstâncias em que há de fazer algo que possa ter resultado desagradável.

O Ermitão

Um homem de certa idade avança solitário pelo caminho do conhecimento. Envolto em um manto de cor azul caminha apoiando-se a um cajado, enquanto eleva uma lâmpada até a altura dos olhos. Já percorreu uma distância nada desprezível, mas sabe que deve ir mais longe. É consciente de que ainda tem muito que compreender e muito que descobrir. O número nove, que é o correspondente desse arcano, está carregado de valor simbólico e ritual. É três vezes, mas ao mesmo tempo também é a soma das nove cifras que o precedem, pois seu total é 36, cujos dígitos somados dão nove. Considera-se que o nove representa a realização de um ciclo. É o número assinado tradicionalmente pelos Mestres, aos iniciados de um nível superior, a todos aqueles seres que já percorreram um bom trecho do caminho e que nos beneficiam com sua única presença, quer se trate de seres incorpóreos, ou melhor, de seres, todavia, revestidos de uma envoltura física.

O ancião ermitão, porém, fez voto de silêncio. A verdade não pode transmitir-se a partir de fora. Temos de descobri-la, nós mesmos. O silêncio e a solidão, às vezes, são necessários. Além do mais, para que surja a verdadeira sabedoria não pode haver distrações. Qualquer preocupação mundana, não importa quão pequena seja ou possa parecer, ouvir-se-á como gritos que afogam a silenciosa luz interior. Ao mesmo tempo, porém, também devemos nos livrar da confusão interior, não apenas da externa. O isolamento e a separação do mundo são de grande ajuda. Este é o caminho do ermitão que se coloca no escuro, para que a luz lhe seja revelada quando estiver preparado. Usualmente, uma vez que aprendeu as lições e compreendeu a verdadeira sabedoria, o ermitão recolhe sua lâmpada e retorna ao mundo para ajudar, para que outros sejam também conscientes do próprio potencial. Ele ajuda de uma maneira misteriosa, mas a verdadeira sabedoria e a verdadeira iluminação sempre vêm do interior. Um mestre pode dizer a seu aluno como encontrou a sabedoria, mas o aluno deverá ir e encontrá-la por si mesmo.

Personalidade: A fé nos níveis superiores e a paciência para suportar e vencer as tribulações deste mundo abrem os caminhos do conhecimento. O ermitão é um ser que nos inspira prudência, paciência, solidão, sabedoria e abnegação.

Plano afetivo: Em nível do ermitão, os laços afetivos são fortes e profundos, mas permanecem sem se manifestar. Seus sentimentos são interiorizados. Com frequência, aparecer o ermitão faz referência ao celibato, quer seja este voluntário ou não.

Profissão: Qualquer projeto e qualquer atividade serão vistos muito demoradamente. A lentidão com que se desenvolvem os acontecimentos pode ser desesperante. Se queremos ver resultados concretos, devemos estruturar muito bem os projetos. Não obstante, o ermitão é muito favorável a tudo o que tenha a ver com trabalhos de investigação ou de ensino.

Saúde: Problemas de ossos, especialmente de coluna.

Economia: Restrições financeiras. Austeridade. O dinheiro chegará com dificuldade e gerará mais problemas do que benefícios. Dificuldades imprevistas desequilibrarão o pressuposto do consulente, complicando-lhe a vida.

Espiritualidade: A busca constante do conhecimento e da sabedoria encaminha-nos à espiritualidade.

Síntese do arcano: A aparição do ermitão é uma chamada para aprender mais a respeito de si mesmo e da natureza da própria existência. Todas as pessoas recebem esta chamada em algum ponto da vida. Tomá-lo como um sinal de que os problemas e os assuntos mundanos podem esperar: há um trabalho maior, no próprio interior, que tem de fazer agora. E tem de fazê-lo em solidão. Pode referir-se a um problema que deve solucionar ou a uma parte da natureza individual com a qual deve tratar antes de prosseguir com a situação atual. A aparição dessa carta também pode indicar uma pessoa que encarna as características do ermitão, e cujo conselho será conveniente que siga.

A Roda da Fortuna

Na imagem, vemos dois animais que se agarram a uma roda que gira sobre um eixo sustentado por dois madeiros, que por sua vez descansam em duas vigas pousadas no solo. Na parte superior, uma esfinge alada e com espada às mãos, vigia para que os ciclos se realizem devidamente. O número dez, correspondente à roda da fortuna, leva-nos de novo à unidade. É uma unidade de ordem superior. Com o dez, tudo começa outra vez, mas em um nível diferente. A roda tem seis raios. É um símbolo solar e também é um símbolo da criação contínua, que renova uma e outra vez tudo quanto existe. É a roda da vida, roda do nascimento e da morte. A roda das reencarnações. Por sua parte, a esfinge, com suas asas vermelhas, está instalada sobre uma pequena plataforma, na parte superior da roda. Como uma espécie de guardião do umbral, está velando sobre tudo o que foi, é e será. A partir da sua posição privilegiada, vê todo o trajeto dos seres que tão logo baixam como sobem. Tem, além do mais, poder para retardar ou acelerar a rapidez com que a roda gira. Os dois animais agarrados, à roda, são bastante estranhos. Estão vestidos com roupas vermelhas e azuis. O movimento incessante da roda leva-os constantemente da luz às trevas, de baixo para cima e vice-versa. Um deles sobe para a plataforma, até o céu ou até a luz. Pronto para a realização das suas aspirações espirituais, encontra-se em processo de evolução ativa. Por seus traços poderia ser um cão. O outro animal, com a cabeça para baixo, precipita-se para a terra, para as trevas e para as tendências mais materiais. Pode ser que se trate de um mono. A roda, porém, gira sem cessar. O que agora sobe, logo descerá e ao contrário.

Personalidade: O dinamismo e a boa disposição aceleram os resultados de uma forma positiva. Em geral, essa carta preconiza transformações e energia construtiva, mas também, os imprevistos do azar.

Plano afetivo: Encontros inesperados por motivo de uma viagem ou de um deslocamento. Novas relações que rapidamente se instalam em nossa vida. Reforçam-se em geral todos os laços afetivos. Bom entendimento e harmonia, tanto nas relações de amizade quanto nas sentimentais.

Profissão: Favorece tudo o que tenha a ver com o comércio. Os projetos longamente preparados chegam a materializar-se com grande rapidez.

Saúde: Pode indicar tanto uma chegada inesperada de energia que revitaliza de pronto, todo o organismo, quanto uma perda de força e vitalidade.

Economia: A sorte ou azar dão oportunidade para que a situação econômica melhore. Em gral, qualquer assunto de natureza econômica sairá bem.

Espiritualidade: Por suas conotações com "os ciclos da vida" e também com a roda das reencarnações, as conexões espirituais dessa carta são muito extensas e evidentes.

Síntese do arcano: A roda da fortuna traz à nossa vida energia vivificante, expansiva e impessoal. Invariavelmente representa a mudança, o movimento e os giros inesperados do destino. Significa acontecimentos e experiências que estão fora do nosso controle e, por isso, a possibilidade de que as coisas não saiam como esperávamos. Às vezes, pode ser um encontro inesperado e outras, um acontecimento que ninguém jamais previu. Se a situação atual é muito boa, deve preparar-se para uma mudança para pior. Se for má, tenha a segurança de que logo respirará aliviado.

A Força

Vemos uma mulher jovem, em pé, que com suas mãos para diante, abre a garganta de um leão que se encontra a seus pés. Uma força espiritual interior fornece-lhe a confiança necessária para realizar este gesto e medir suas forças com o animal.

Evidentemente se trata de uma alegoria: são duas forças muito distintas que, unidas, podem resultar eficazes para vencer quase qualquer coisa, tanto no campo material quanto no espiritual. O número 11 está formado por duas unidades, mas uma delas é de ordem superior. Por isso, para alguns, o 11 é um número que implica um conflito, uma luta entre dois campos díspares: a plenitude do dez e a simples unidade do um. Esta luta, porém, não o converte por força em negativo. Ou melhor, pelo contrário, possui em si mesmo um conhecimento precioso, que pode ser descoberto por quem se aplique um pouco ao seu estudo. Curiosamente, para os árabes, o conhecimento de Deus adquire-se através de 11 etapas.

A jovem, de rosto muito tranquilo, traz um chapéu que lembra um pouco o chapéu do mago. Tranquilamente, abre as faces do animal que se submete sem rebelião e sem agressividade. O rosto da mulher está ligeiramente voltado para a esquerda, enquanto seu corpo parece orientar-se para a direita: as experiências procedentes do passado ajudam-nos em nossa evolução pessoal.

De sua parte, o leão, símbolo solar por excelência, representa as forças do instinto e também o orgulho das baixas paixões. Emblema no Ocidente, da força bruta e da agressividade, este animal foi utilizado no antigo Egito para representar a vigilância, e na China, para referir-se à sabedoria. A força vem dizer que todos nós possuímos o poder de dominar qualquer situação, graças à nossa força interior. Para isso, é necessário ter fé, vontade e confiança em si mesmo, quaisquer que sejam os acontecimentos ou as circunstâncias externas.

Personalidade: A poderosa energia física, mental e espiritual disponível para a pessoa neste momento confere-lhe todas as possibilidades de lograr êxito. Essa carta indica também uma dose extra de ânimo e determinação, além de vitalidade. Plano afetivo: indica sentimentos fortes e poderosos. Encanto pessoal e magnetismo harmonizam-se para consolidar a relação. É frequente que a carta da força anuncie novas relações sentimentais.

Profissão: A autoridade e o poder e também seu magnetismo pessoal jogam a favor do consulente em todas as relações profissionais dele. Os projetos, em andamento, serão coroados pelo êxito. Não lhe será difícil impor as ideias que possui e utilizar, ao máximo, suas possibilidades.

Saúde: Vitalidade fora do comum. Ausência de qualquer tipo de problemas de saúde.

Economia: Situação financeira sólida e equilibrada. Em caso de dificuldades econômicas, logo serão elas coisas do passado.

Espiritualidade: Espécie de grande força interior abre enormes possibilidades no campo espiritual e evolutivo.

Síntese do arcano: A mulher domina o leão com doçura e suavidade. A aparição da força, em uma leitura, costuma indicar que esta qualidade é precisamente a que agora necessita o indivíduo. Pode ser um ato de recordar para não ceder ao desânimo e à desesperança, para não abandonar. Com perseverança e força interior finalmente o triunfo será seu. Se já se esforçou demasiadamente, faça um descanso. Mudança de atividade. Se tiver de lidar com circunstâncias e pessoas muito difíceis, recorde que os maiores resultados são obtidos com a suavidade, não com a violência. Essa carta pode ser também um indício de como se encontra a pessoa no momento presente, em uma posição de força, que lhe permitirá realizar trabalhos ou empreendimentos que em outras circunstâncias seriam difíceis ou arriscados.

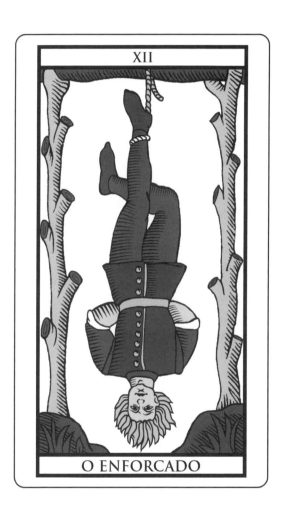

O Enforcado

Um jovem que, com a cabeça baixa, está atado, pelo seu tornozelo esquerdo, a um madeiro horizontal que por sua vez se apoia em dois troncos os quais têm seis galhos cada um. Com as mãos às costas, o jovem parece não sofrer com esta incômoda postura. Sabe que seu sacrifício não é em vão e que desse modo encontrará o caminho da serenidade, o equilíbrio entre o mundo material e o caminho espiritual.

O 12 foi sempre o número das divisões espaçotemporais; 12 foram os apóstolos, os cavalheiros do graal, os meses do ano, os signos do zodíaco e as horas do dia e da noite. Antes da adoção do sistema métrico, as medidas espaciais tiveram o 12 como base. Para os egípcios, eram 12 as portas que levavam ao mais além, correspondentes às 12 etapas da iniciação. O fato de que o 12 seja formado por dois vezes seis indica-nos que no caminho da evolução para níveis superiores as provações não podem ser evitadas. Somente quem passou pelo sacrifício e pelo sofrimento poderá chegar à sabedoria, à paz, à serenidade, à simplicidade e à humildade.

Diante das obrigações e dos imperativos da vida, vemos esse jovem sereno, em uma postura de atenta espera. Resignado, aproveita esse momento, o melhor que pode, para descansar e recarregar-se. Com a cabeça para baixo, o fato de ter as mãos nas costas, indica-nos sua renúncia a agir. Com sua perna livre dobrada, observa o mundo de uma maneira pouco usual Ao revés! Permite-lhe ver as situações e as circunstâncias de um modo muito diferente do comum e aparentemente desafia toda a lógica, dando-lhe acesso a um ponto de vista muito distinto do que têm os demais. Nesta posição, capta pormenores que aos outros se lhes escapam e que muito lhe servirão quando voltar a estar de pé.

Personalidade: Renúncias, provas e sacrifícios. A submissão ao superior e a entrega desinteressada de si mesmo são os pontos que marcam a pessoa relacionada com essa carta.

Plano afetivo: Sacrifícios e resignação também no plano afetivo e sentimental. Pode indicar um rompimento ou anunciar falsas esperanças e erros em uma relação amistosa ou afetiva.

Profissão: Mau momento para criar sociedades. Há perigo de perder uma parte importante de poder e de prestígio. Também, risco de perder o emprego.

Saúde: Pouca vitalidade. Perigo de cair em processos depressivos.

Economia: Perigo de perdas materiais. Certos compromissos não poderão cumprir-se. Perigo de roubo e desastre.

Espiritualidade: Todas as circunstâncias externas favorecem o crescimento espiritual e a evolução para níveis superiores.

Síntese do arcano: O enforcado apresenta-nos certas verdades, mas estas encontram-se ocultas precisamente em seus opostos. É a imagem de todos os deuses que se sacrificam a si próprios para logo emergirem vitoriosos. Sua aparição, em uma leitura, vem nos dizer que o melhor enfoque para solucionar um problema nem sempre é o mais evidente. Quando mais exercitamos para exercer nossa vontade sobre alguém, talvez seja quando mais devemos deixá-lo em liberdade. Quanto mais desejemos que as coisas se façam a nosso modo, mais deveremos sacrificar-nos. Quanto mais queiramos agir, quem sabe, seja o momento de esperar. E o surpreendente é que realizando estas ações aparentemente contraditórias, encontraremos e conseguiremos precisamente o que estávamos buscando. Por tudo isso, a aparição dessa carta pode indicar que é o momento de prescindir de algo, já que o enforcado significa especialmente o sacrifício voluntário. Talvez se trate de uma relação, de um emprego sem oportunidades, alguns estudos equivocados ou uma série de crenças. É necessário analisar cuidadosamente nossa vida, para descobrir o que é precisamente isso que devemos sacrificar em favor de um bem de um nível superior. Acompanhada pelo diabo, essa carta pode significar abuso de confiança em qualquer campo.

O Arcano Sem Nome

Armado de uma foice e um esqueleto vai segando tudo o que interrompe seu caminho ou tudo que já chegou a ser inútil a ele. Essa carta anuncia uma etapa significativa na vida da pessoa. Já não se pode mais dar marcha à ré. É necessário seguir adiante, a fim de que a transformação tenha lugar.

O número 13 não é um número que passe despercebido nem que deixe ninguém indiferente. O mais comum é que não goze de muitas simpatias, pois desde tempos antigos tem sido considerado nefasto, um símbolo de mau augúrio. Contudo, mais além das superstições, o 13 indica o final de um sucesso ou de uma dada situação, ainda que ao mesmo tempo nos anuncie uma renovação, uma reconstrução e um novo começo.

Apesar do seu aspecto pouco tranquilizador, a aparição dessa carta não deve ser interpretada por perigo de morte nem por risco físico. Desprovido de todo o artificial, o esqueleto vai segando os elementos indesejáveis, pois sabe que para poder aceder a uma existência melhor deve liberar-se de todas as exigências materiais e dirigir-se para a verdade. A foice faz-nos pensar também, inevitavelmente, na dor física e em todas as feridas psicológicas. Com seu fio de cor vermelha nas mãos do esqueleto, não deixa de provocar pelo menos inquietação. Não obstante, tudo que corta é apenas ilusão, levando-nos deste modo à liberação e até à verdade e à realidade.

Antes de ir adiante, é bom pararmos um momento para olharmos para trás. Leva algo que já não lhe é necessário? Deixa-o antes de prosseguir. Estão detendo-o suas velhas atitudes ou decepcionam-no com frequência suas grandes expectativas? Deixe-as, permita que a energia limpadora e renovadora dessa carta as arraste para longe de você. Abra-se e desfaça-se de tudo o que já não necessita: medos, vinganças, intolerância etc. As flores não podem surgir se a terra está cheia de males que obstruem o solo. Do mesmo modo, a dúvida e o medo só lhe atrasam a iluminação espiritual. Permita que se vão agora ou a vida as arrancará de você de maneira dolorosa e inevitável.

Personalidade: A transformação e a renovação implicam mudanças muito importantes. A presença dessa carta pode anunciar tristeza, atrasos, fatalidade e desapego, mas também renovação e uma nova vida.

Plano afetivo: É indício de separação, alheamento e inclusive de uma ruptura familiar, sentimental ou de amizade. Costuma mostrar o fim de uma relação, de um amor ou de uma amizade. Pode ser presságio de um divórcio, e, sem dúvida, de penas e de lágrimas.

Profissão: Anuncia o final de um período na vida profissional do indivíduo. Uma mudança radical, uma renovação completa e total está se aproximando. Pode ser uma jubilação, a perda do emprego presente ou uma mudança total e drástica de atividade de trabalho.

Saúde: Fragilidade. Cuidado com os golpes e com as feridas.

Economia: Perigo de crise financeira. O dinheiro chegará com dificuldade e, às vezes, deixará totalmente de chegar. As obrigações contraídas serão causa de grande inquietação.

Espiritualidade: A presente passagem de um a outro estado totalmente distinto, no plano físico e material, abre a possibilidade de um renascimento no âmbito espiritual.

Síntese do arcano: Indica o fim de uma época, o momento em que uma porta se fecha, mas outra vai se abrir. Por isso envolve tristeza, mas também traz implícita a ideia de um descanso e, sobretudo, o sentimento de haver completado algo. Outro significado dessa carta é a ideia de uma volta ao básico, ao essencial, um desprender-se do que não é importante nem necessário. A morte, do mesmo modo que outros acontecimentos que ocorrem na nossa vida é algo inevitável. E quando chegam estes momentos, o melhor é permanecer consciente, entregar-se às mãos do destino e ver onde nos leva. Resumindo, podemos dizer que essa é sempre uma carta séria e costuma representar uma época intensa e importante da vida.

A Temperança

Com movimento suave e tranquilo, o anjo da temperança verte o líquido vital de uma vasilha a outra. Este passar realiza-se eternamente. É a passagem do espiritual ao material, que origina uma renovação perpétua em total harmonia, com paz, e conciliação.

O número 14 representa o reversível. São 14 os dias em que a Lua cresce e outros 14 em que diminui. Vestido de vermelho e azul, as cores do anjo buscam a harmonia perfeita entre o material e o espiritual, recordando-nos o eterno fluir da vida em nível cósmico. Nada se perde nada desaparece. Simplesmente, tudo se transforma. Ao mesmo tempo, mostra-nos a necessidade de nos esforçarmos por manter equilíbrio entre os dois planos em que transcorre a nossa existência. Enquanto estivermos neste mundo, não poderemos desprender nunca dos aspectos físicos da nossa natureza, das suas necessidades e das suas exigências. Não obstante, se sucumbimos a eles totalmente, há perigo de cairmos na animalidade. A posição do anjo faz-nos pensar no porquê do anjo manter os seus dois pés bem firmes sobre a terra, ainda que suas asas lhe permitam elevar-se em qualquer momento, para as esferas celestiais.

A água, por sua vez, é a fonte de vida, é a que permite a fecundação, a pureza e a regeneração. É o líquido indispensável para a vida do ser humano e de todos os animais e plantas. Também é um símbolo da sabedoria e da vida espiritual. As vasilhas entre as que fluem são representações do santo graal, o misterioso receptáculo sobre o que tanto se escreveu e especulou. Finalmente, é importante o fato de que o personagem central dessa lâmina seja um anjo. O anjo é um ser intermediário entre Deus e o homem e também um mensageiro que traz notícias para a alma.

Personalidade: A serenidade e a harmonia, a sociabilidade, a adaptabilidade, a modéstia, a paciência e a moderação, são as qualidades mais destacadas da pessoa.

Plano afetivo: Antes de nada, essa carta é um indicador de amizade. É, pois, muito favorável a todas as relações, harmonizando perfeitamente os sentimentos. No ambiente familiar, prediz paz e serenidade. Pode também anunciar novos encontros e uma amizade sincera.

Profissão: Na vida do trabalho predominam as boas vibrações e a relação harmoniosa com os companheiros. A evolução profissional é lenta, mas ascendente. Pode-se esperar uma melhoria das condições atuais.

Saúde: Se a preocupação da pessoa tem a ver com o estado de saúde, a aparição dessa chave é o melhor augúrio, pois promete sempre vitalidade e bem- estar.

Economia: A situação financeira melhorará substancialmente e novas iniciativas permitirão alcançar um sadio equilíbrio econômico.

Espiritualidade: A partir da suprema harmonia cósmica, poderosas energias espirituais fluem até a pessoa.

Síntese do arcano: Ao aparecer em uma leitura, a temperança simboliza o equilíbrio, a moderação e a cooperação com os demais. Se pusermos um pouco de boa vontade da nossa parte será possível recuperar a harmonia em qualquer situação em que tenha havido discussões ou controvérsias. Pode indicar necessidade de moderação, se é que estamos cometendo algum excesso, mas também, renovação da criatividade e da inspiração.

O Diabo

Uma personagem andrógina permanece em cima de um pequeno pedestal onde estão amarradas duas figuras com traços físicos de animais: cauda, orelhas, chifres e garras. O personagem central, com suas asas de morcego, seu manto adornado de cornos e suas mãos e pés providos de garras, enfrenta orgulhosamente o mundo que o observa e o teme. O diabo age a partir da matéria. Empurra o ser humano à tentação e leva-o a exteriorizar os próprios instintos naturais.

Ainda que sejam várias as combinações de números que nos permitam chegar ao 15 (cinco X três) (dez + cinco) (11 + quatro), o fato é que com o 15 voltamos a encontrar a raiz esotérica do seis, quer dizer, o número das dúvidas e das incertezas. Neste caso o ser humano vê-se enfrentando dois possíveis caminhos. Um o leva para a luz, outro, para a escuridão da matéria. As duas figuras laterais formam um par. Suas mãos nas costas, e a corda que tem ao redor do pescoço, indicam-nos sua potência e seu estado de submissão.

Em uma primeira apreciação dessa chave não se encontra nela harmonia alguma. O conjunto resulta absurdo. Não obstante, a concordância se encontra no interior, na mensagem oculta dessa imagem grotesca e disparatada que sugere a necessidade de aprender a ver mais além das aparências.

A palavra diabo provém do grego e significa caluniador. Calúnia, mentira, falácia e parcialidade são as qualidades que encontramos ao nos fixar somente nas aparências, não alcançando a compreensão da essência profunda e verdadeira das coisas. Afortunadamente, quem deseja liberar-se das cadeias da ignorância pode fazê-lo e pode adentrar a luz. É necessário transmutar toda essa energia negativa em positiva. Quem crê que pode, realmente pode. Observe-se detidamente a si mesmo e trate de ver o que não havia visto antes. E lembre-se de que pode existir sombra sem luz. O único diabo que existe é o que nós criamos.

Personalidade: O diabo anuncia maquinações, intrigas, orgulho, desejos e tentações. Pode ser indício de um domínio abusivo.

Plano afetivo: Indica relações violentas, passionais e dominantes. É uma carta muito pouco favorável ao ambiente familiar, pois provoca mal-entendidos e discussões. Pode predizer relações passageiras e sem futuro.

Profissão: O domínio e a supremacia sobre os demais podem levar a certo êxito profissional e social. No âmbito profissional, essa carta indica que todos os meios são considerados válidos para lograr a finalidade perseguida. Ambições desmedidas.

Saúde: Perigo de infecções e também de enfermidades de transmissão sexual.

Economia: No aspecto material, essa carta é positiva. O controle e o domínio sobre o material geram entradas importantes de dinheiro, ainda que aja o perigo de cair em atos ou em práticas ilegais. A necessidade de ter cada vez mais pode levar a pessoa à obsessão por recursos materiais.

Espiritualidade: As forças em jogo são muito poderosas, mas a evolução é mais para o material do que para o espiritual.

Síntese do arcano: O diabo costuma ser o símbolo do mal e do indesejável, pois vemos o mundo como uma luta entre a luz e a escuridão, e queremos que o bem vença o mal. Não obstante, a realidade é que o bem e o mal não podem se separar, do mesmo modo que não se pode separar uma sombra do corpo que a causa. A escuridão é simplesmente uma ausência de luz e é causada por erros que ocultam a verdade. Essa carta mostra-nos esses erros. O primeiro deles é a ignorância: não saber a verdade e não nos dar conta de que não a sabemos. O segundo é o materialismo: a crença de que fora do físico não há mais nada. Como seres espirituais que somos, nossa essência está desejosa do divino, mas ao confiar somente nos sentidos físicos, perdemos o contato com essa divindade.

A aparição dessa chave em uma leitura costuma indicar que estamos amarrados a uma situação improdutiva e pouco saudável. Talvez não queiramos ver a verdade a respeito de algo nem suas implicações. Talvez o consulente esteja obcecado com uma ideia, uma pessoa, uma substância ou um padrão de comportamento que seja ruim para ele. Em qualquer caso, a aparição do diabo é uma indicação de que devemos revisar cuidadosamente nossas crenças, assegurando-nos de não estarmos trabalhando com base em um quadro que não corresponde em absoluto à verdade.

A Torre

Vemos uma torre de pedra que é decapitada por uma chama procedente do céu. Em consequência disso, dois personagens veem-se precipitados para o vazio. Ambos cometeram o erro de querer elevar-se no mundo do poder e do materialismo esquecendo-se totalmente dos valores espirituais. A sanção é severa, todas as suas energias vão ser recicladas. Vão retornar à terra a fim de darem o passo a um novo ciclo na evolução. Um ciclo em que o espiritual não seja esquecido.

O 16 está formado pelo dez e pelo seis, quer dizer, a evolução e a involução. Também, é dois X oito, isto é, a justiça e o castigo. Do mesmo modo é quatro X quatro, o material elevado ao cubo. É impossível liberar-se de semelhante força e prepotência materialista, exceto através da destruição das próprias estruturas materiais.

Símbolo da vigilância e da ascensão, a torre representa o eixo do mundo, quer dizer, a união entre o céu e a terra. Evoca também a torre de Babel, que convertida em amostra do orgulho humano, desejoso de elevar-se ao mesmo nível de Deus, termina em confusão, dispersão e catástrofe. Vemos, assim, como a torre da ignorância é derrubada por uma chama que representa o poder da vida. É evidente que a cena representada nessa chave mostra uma catástrofe, mas esse desastre é apenas aparente, porque o único que se destrói é o erro e seu lugar será ocupado pela verdade. Em nível interior, a destruição da torre é o colapso dessa fortaleza chamada ego. Quando construímos um muro para esconder nosso eu real, devemos saber que cedo ou tarde essa parede virá abaixo. As fantasias são particularmente propensas a serem aniquiladas pelo poder dessa carta; a torre dissipa-as como o calor do sol afasta a neblina. As fantasias e as ilusões não nos ajudarão em nada para chegar ao lugar a que nos dirigimos, por isso é melhor deixá-las de fora. Não depositem a fé em ilusões de segurança. A coroa dessa carta deve estar sobre uma cabeça humana, não sobre uma torre de pedra fria.

Personalidade: Os choques e as sacudidas representados por essa carta virão contrariar nossos projetos e nossas esperanças. A torre anuncia sempre fracassos, quedas, acidentes e destruição.

Plano afetivo: Indica desacordos conjugais, conflitos entre amigos, separação sentimental e inclusive divórcio.

Profissão: A oposição dos demais e os mal-entendidos fazem perigar a atividade profissional da pessoa. Pode indicar perda de emprego, reestruturação de planilha ou inclusive quebra da empresa.

Saúde: Representa um hospital ou uma casa de cuidados médicos. Pode indicar intervenções cirúrgicas ou pelo menos, um exame ou análise realizado em hospital.

Economia: Há catástrofes econômicas à vista. A falta de dinheiro pode gerar uma situação preocupante e inquietante. Um dinheiro que devia ser recebido não consegue chegar e os problemas e as dificuldades que causa são grandes.

Espiritualidade: Em geral reina a confusão. Contudo, essa destruição de ambições pode abrir as portas aos sentimentos humanitários e à compreensão.

Síntese do arcano: A torre representa sempre um câmbio repentino, espetacular e, às vezes, dramático. Quando as mudanças são paulatinas e graduadas, permitem-nos adaptar aos poucos. Outras vezes, não obstante, sua ação é rápida, inclusive explosiva, e é isso o que representa a torre. As crises repentinas que surgem em nossa vida vêm, entretanto, nos despertar. Algo estava mal e não fazíamos nada a respeito. É você demasiado orgulhoso ou orgulhosa? Seu ego vai sofrer um desengano. Recusa ver algo? Pronto, irá instalar-se à sua frente. Vive protegido em sua torre de marfim? Os elementos a destruirão antes que possa imaginar. O importante agora é como responder ao acontecimento anunciado pela torre. Antes de nada, é preciso reconhecer que o cataclismo ocorreu porque era necessário. Talvez seja demasiado pedir-lhe que abrace com alegria esse tipo de mudanças, não obstante, deve, sim, procurar ver a parte positiva que há neles. Verá que o forçaram a mudar de direção. Por si mesmo, nunca o teria feito.

A Estrela

Uma jovem nua está ajoelhada no chão, ao lado de um lago ou de um tanque e despeja água de vasilhas que carrega em suas mãos. Sobre esta figura feminina a estrela Vênus domina a cena, rodeada por outras sete estrelas menores. O 17, número da estrela, é um número cósmico de esperança e de fé. É o símbolo da harmonia radiante e do equilíbrio ativo. É soma do dez, que é o ciclo universal e do sete, que é o número sagrado por excelência. Na mitologia, Vênus ou estrela da manhã simboliza a ressurreição, pois representa a passagem do dia para a noite e vice-versa.

Nessa carta encontramos outra vez, como na temperança, o símbolo da água derramada. Naquela, a água passava de uma jarra vermelha a uma azul e ao contrário, enquanto que na estrela, a água é despejada diretamente no tanque, saída de duas jarras vermelhas. Tudo nessa carta evoca a paz, a espiritualidade, a harmonia: um lago de águas azuis, uma formosa e pura jovem, um céu pleno de estrelas e alguns arbustos no campo. Sobre um dos quais vemos um pássaro negro disposto a levantar voo para levar consigo toda a negatividade.

Poucas cartas há que sejam mais positivas do que a estrela, porque, quando aparece em nossa vida representa nada menos do que um farol de inspiração e de esperança. Nos momentos de escuridão mostra-nos que há um caminho para sair de lá e nos diz que não devemos nos preocupar já que a luz e a liberdade estão próximas. Tudo de que necessitamos é algo onde depositar nossa fé. Confie em si mesmo e nos poderes que controlam o Universo, para que o ajudem a superar os momentos difíceis. Deixe que a energia infinita da estrela o aqueça e lhe rejuvenesça a alma, proporcionando-lhe a força e a claridade do objeto que precisa para continuar o seu caminho.

Personalidade: A esperança e a fé possibilitam a realização de todos os projetos. A estrela anuncia encanto, movimento, doçura, diversão e confiança.

Plano afetivo: É um indício de sentimentos profundos e sinceros. Ajuda na realização de todos os desejos afetivos. Permite a serenidade no ambiente familiar e também a felicidade conjugal. Anuncia novas amizades e encontros harmoniosos.

Profissão: Favorece especialmente todas as atividades que estejam relacionadas com a arte ou a beleza. Em todos os demais casos, sua influência é também benéfica. Qualquer empreendimento em que nos envolva se verá encaminhado para o êxito.

Saúde: Do mesmo modo como ocorre com a temperança, o líquido regenerador confere grande vitalidade em todos os sentidos.

Economia: A sorte estará do seu lado. Há possibilidade de que lhe chegue certa quantidade de dinheiro. Qualquer aquisição ou operação financeira tenderá a sair bem e as preocupações com esse tema serão mínimas.

Espiritualidade: A fé em si mesmo e nas próprias competências é o farol que ilumina o seu caminho.

Síntese do arcano: O ser humano olhou sempre para as estrelas em busca de inspiração e de esperança. Há algo em sua luz cintilante que arranca de nós mesmos, elevando-nos a um plano superior. Quando dirigimos o olhar para o céu, deixamos de sentir, por um momento, os pesares da terra.

Tradicionalmente, a estrela é considerada uma carta cuja contemplação nos eleva tanto espiritual, quanto emocionalmente. Sua aparição em uma leitura é sempre considerada uma bênção que vem nos tranquilizar e dizer-nos que tenhamos fé no futuro. Diz-nos que acharemos a paz e a felicidade que merecemos, que abramos o nosso coração e deixemos de lado a incerteza e as dúvidas. É o momento de dar, com toda generosidade.

A estrela traz inspiração, eleva o espírito e dá ânimo. Vem nos dizer que estamos no caminho correto, anima-nos a prosseguir e abençoa-nos durante o percurso. Não obstante, para lograrmos o que esperamos, deveremos passar à ação. A luz da estrela nos ajudará nos nossos esforços.

A Lua

O astro da noite, símbolo da imaginação e da passividade, ilumina uma paisagem em que podemos ver um caranguejo de rio dentro de um reservatório de água estancada e dois cães, um diante do outro. A distância, de ambos os lados do quadro, há duas torres imponentes.

O número da Lua converte-se em nove, que significa uma ascensão para um nível mais elevado, ainda que acompanhada de sofrimentos e tribulações. A Lua redonda e azul mostra no seu interior o perfil de um rosto. Símbolo de toda criação imaginativa, carrega-se de energias vitais e astrais aspirando as gotas de cor que sobem até seus raios. Em meio à tenebrosa imensidão, o astro da noite evoca a beleza e a luz, ainda que não seja essa mais do que um reflexo da luz solar.

A Lua simboliza os ritmos biológicos e a passagem do tempo e o conhecimento indireto. Ela cresce, decresce e desaparece para em seguida começar outra vez a crescer. É um astro submetido à lei universal e cíclica do nascimento e da morte. Passiva e receptiva, foi sempre um símbolo do feminino e da fecundidade, assim também da intuição.

Os dois cães estão ladrando para a Lua e simbolizam os instintos primitivos que cumprem sua função de guardiães e defensores. Ambos, com suas fauces abertas, parecem querer alimentar-se das energias aspiradas pela Lua. Seu aspecto mostra-nos agressividade, não obstante esteja claro que simbolizam as oposições que todos nós trazemos em nosso íntimo. Por isso, a dualidade não pode ser excluída. Qual dos cães protegerá? Impossível saber com certeza.

Por sua vez, o caranguejo também é um animal associado à Lua, desde tempos imemoriais, talvez por sua característica de se deslocar para trás semelhante ao astro. Sua presença na água nos recorda o signo astrológico de câncer. A aparição da Lua em uma leitura significa quase sempre que algo não é como parece, que será necessário vigiar e afinar a percepção a fim de encontrar o que está oculto, antes que seja demasiado tarde.

Personalidade: A imaginação e a sensibilidade podem conduzir à passividade e aos sonhos. Essa carta pode anunciar escuridão, angústia, indolência e decepções, mas também intuição muito aguçada.

Plano afetivo: Indica apego ao lar e à família. Grande sensibilidade com sentimentos silenciosos, mas reconfortantes. Pode possibilitar encontros inesperados que poderiam ir ao encontro de mudanças familiares. Em alguns casos, essa carta também pode indicar matrimônio.

Profissão: Bom augúrio para todos os trabalhos que tenham a ver com a imaginação e a atividade criativa. Também favorece o êxito através de outros, o contato com o público e a clientela. Boas perspectivas para tudo que sejam contatos e relações sociais. A popularidade desempenha nestes casos um papel de muita importância.

Saúde: Quem tiver tendência à depressão, passará por maus momentos. Possibilidade de crises nervosas.

Economia: Há risco de que as coisas se compliquem, mas nunca será demasiado. Nesse caso é muito provável que os gastos excessivos estejam relacionados com o lar.

Espiritualidade: As contradições internas e as dúvidas podem projetar grande sombra e obscurecer o caminho.

Síntese do arcano: A Lua é luz do mundo e das sombras. É a luz da noite. Suas circunstâncias podem não ser as mais agradáveis, mas tampouco chegam a ser aterrorizantes. A Lua inspira e encanta. Promete-nos que podemos conseguir tudo que desejamos, guia-nos para o desconhecido e nos diz que permitamos que em nossa vida entre o estranho e o pouco usual.

A aparição da Lua em uma tirada costuma indicar medo e ansiedade, como o que sentimos em plena noite. Também representa as ilusões equívocas e a distorção da realidade, pois a luz da Lua é fácil confundir-nos e tomar uma coisa por outra. Há de ser precavidos e não deixar que as ideias falsas nos extraviem. Às vezes, essa carta vem precisamente dizer-nos que acabamos de perder o norte e estamos dando voltas em círculo, ainda que acreditemos que avançamos. Nesses casos é necessário esforçar-nos para voltar novamente ao caminho certo e à claridade dos propósitos.

74 | O Tarot de Marselha

O Sol

Um magnífico sol ilumina duas crianças vestidas com um simples pano. O sol ilumina totalmente as almas destes dois personagens que se unem para criar um círculo de energia destinado a manter o equilíbrio entre o material e o espiritual. O pequeno muro protetor, os raios do sol e as gotas de energia são todos eles elementos que facilitam o caminho que leva ao amor universal, ao descanso em um mundo divino. A junção entre o nove e o um resulta o número 19 que nos restitui outra vez a unidade. de novo se concluiu um ciclo evolutivo. Simbolizando e irradiando felicidade, este 19 possui sentido de totalidade, de acabado e de harmonia.

Sendo nossa fonte de luz e de vida, o sol foi sempre considerado uma manifestação da divindade e como tal foi adorado, até a chegada das grandes religiões monoteístas. Seus raios estendem-se generosamente criando as formas e as cores. Sua influência distribui-nos vitalidade, inteligência e energia positiva. Símbolo também de criação, o sol estende sua fecunda influência sobre o plano espiritual.

Feliz com seu desempenho no céu e no coração do homem, o sol dessa carta mostra um rosto satisfeito. As duas crianças cobertas por um simples pano indicam inocência e pureza de sentimentos. Um põe sua mão na nuca do amigo, enquanto este toca o plexo solar do primeiro. Com este gesto mostram-nos dois centros importantes no que se refere à manutenção da vitalidade. Como signo de confiança, não há nada mais poderoso do que o sol. É um mundo de caos, todavia, há um ponto de silêncio e de calma, que nos assegura que existe uma ordem subjacente, algum poder superior que nos abençoa e nos sorri todos os dias. Ainda quando as nuvens enchem o céu, aí segue o sol à espera de uma oportunidade, e atrás de qualquer nuvem há um sol que espera a ocasião para revelar-se diante de nós.

Em uma leitura, o sol pode ter muitos significados, ainda que o principal seja o do êxito e o da finalização. Pode ser um arauto da alegria e da felicidade, pode ser o nascimento de uma criança, uma família estável, prosperidade material ou quase qualquer fim positivo, mas, sobretudo, mostra culminância. Terminado um ciclo e antes que comece o seguinte, há um período de luz e relaxamento que pode e deve ser desfrutado.

Personalidade: O brilho e a atração natural da pessoa facilitam o êxito e a aceitação. O sol anuncia luz, sucessos, amor, alegria e triunfos.

Profissão: Uma ascensão ou promoção está a ponto de chegar e parece que tudo indica que se vai entrar em um período de grandes sucessos profissionais e sociais. As relações de trabalho são muito harmoniosas e o êxito parece assegurado. Os projetos se concretizarão de uma forma fácil e natural, e o caminho escolhido será sempre o correto. É o momento de "brilhar".

Saúde: Bom nível de vitalidade geral; não obstante há risco de problemas cardíacos e também de queimaduras.

Economia: A situação financeira do consulente será muito pródiga com abundantes entradas de dinheiro. É o momento em que frutificam todos os esforços realizados até o momento.

As preocupações econômicas desaparecem totalmente.

No momento tudo é abundância.

Espiritualidade: A luz do sol ilumina a alma e a faz irradiar luz espiritual.

Síntese do arcano: Com seu universal significado de luz, força, esplendor, o sol é, naturalmente, uma carta muito especial. Nas tiradas em que aparece o sol, flui a alegria, a luz e a vitalidade. Representa calor e energia em todos os campos: no trabalho, nas relações e no aspecto econômico. Costuma ser um arauto dos bons tempos e anuncia que finalmente você irá conquistar aquilo que tanto quis e pelo que tanto lutou. Terá êxito no que empreender. Irá brilhar. Em uma interpretação mais literal, essa chave também representa as crianças. Boas notícias relacionadas com crianças, e, caso apareça junto à imperatriz, sem dúvida, um nascimento de alguém muito especial.

O Juízo

Saindo de uma nuvem azul, contornada de raios vermelhos e amarelos, um anjo de cabelos ruivos toca a trombeta para despertar a consciência dos três personagens que figuram na carta e que se dispõem a voltar à vida. Intermediário entre Deus e os homens, o mensageiro divino é portador de uma boa notícia para a alma dos que estão prontos para a ressurreição. O homem e a mulher elevam-se até a luz celestial, unindo as mãos em atitude piedosa, enquanto a criança sai da tumba.

O número 20 é resultado dos cinco (número do homem realizado), multiplicado pelos quatro pontos cardeais, por isso simboliza ao mesmo tempo a salvação e o julgamento, anunciando-nos o nascimento de um mundo novo. A trombeta do anjo é de ouro. É o instrumento destinado a anunciar os grandes eventos históricos e cósmicos. Seu som e seu alento permitirão às três figuras que despertem a consciência e possam ser conduzidas pelo caminho da iluminação, uma vez cumprida a missão no mundo material. Ao som da trombeta, o homem e a mulher surgem das profundidades da terra com toda serenidade. Ambos estão nus. Assim é como renascem para a vida. Despidos das próprias angústias, dificuldades, das provações, das desgraças e de todas as preocupações relacionadas com o mundo material.

Amiúde, a aparição do juízo em uma leitura registra grande mudança, mas diferente do arcano sem nome e da torre, a mudança não é destrutiva. Está sob o seu controle e de fato, inclusive pode dar-lhe as costas, se assim o desejar. Contudo, as decisões como as que oferece o juízo são necessárias para o crescimento e o desenvolvimento espiritual. O dia para acertar contas virá em algum momento e, então, terá de admitir os próprios erros e receber as recompensas que merece.

O juízo é também uma carta de limpeza, representa um momento em que se limpa a lousa e pode-se começar outra vez, com todas as dívidas pessoais pagas. O juízo ensina-nos também que devemos ser conscientes do passado e das lições que aprendemos, sem nos degradarmos pelos referidos erros, pois são apenas parte da aprendizagem. Deixa o passado para trás e olha para o futuro, pronto para começar novamente. Agora é o momento de dar um passo definitivo, não permita que as sombras do passado o detenham.

Personalidade: Grande entusiasmo e notável inspiração abrem comportas para o renascimento pessoal. O juízo anuncia mudanças bruscas, renovação, ressurreição, melhoras em todos os aspectos.

Plano afetivo: Indica novos encontros afetivos. As relações evoluem muito rapidamente, mas de maneira sempre benéfica. Grande harmonia tanto na amizade quanto no amor. Em geral, essa carta preconiza rápida e inesperada evolução da vida afetiva. As circunstâncias serão surpreendentes, mas benéficas.

Profissão: Sucessos imprevistos gerarão efeitos muito positivos no trabalho. As mudanças são espetaculares e especialmente rápidas. A situação social da pessoa parece orientar-se a novas e promissoras perspectivas. Momento favorável para associações de grande envergadura. Possíveis deslocamentos, inclusive mudança de domicílio por causa do trabalho.

Saúde: Algum remédio ou medicamento novo possibilitará recuperação rápida e surpreendente.

Economia: Chega dinheiro que não se esperava, o que melhora a situação econômica e traz consigo grande tranquilidade. A sorte e a providência a liberará de todas as dificuldades econômicas, pelo que, momentaneamente, se assegura o bem-estar.

Espiritualidade: Profunda renovação espiritual regenera e ilumina toda a pessoa.

Síntese do arcano: Uma interpretação do arcano 20 tem a ver com os sentimentos relacionados com a salvação. Perante a chamada do anjo nascemos de novo, limpos de qualquer culpa e de toda carga. Os erros do passado ficaram para trás e estamos prontos para começar novamente. Um novo ciclo, muito mais elevado e luminoso se inicia agora. Se a pessoa percorreu um período de baixa moral, pode estar segura de que essa época obscura chegou ao fim. A renovação está de volta ao virar da esquina. Pode também significar o apelo da vocação. Uma força inexplicável que nos impulsiona para um caminho determinado em nossa vida. E finalmente, em uma interpretação muito mais literal, à pessoa se relacionam também os juízos, tanto pelo fato de julgar a nós mesmos pela conveniência ou não conveniência de realizar uma ação determinada, quanto pelo fato de sermos julgados por outros, ou inclusive em um julgamento oficial, especialmente se vier acompanhado por órgão judiciário.

80 | O Tarot de Marselha

O Mundo

Uma figura humana faz evoluções dentro de uma coroa de louros tricolor, símbolo de recompensa. Nas esquinas, quatro figuras que simbolizam os quatro elementos (ou os quatro evangelistas) enquadram a coroa afirmando a sabedoria e a harmonia das leis universais. A personagem central traz na mão esquerda uma vareta com a qual capta as energias cósmicas do tempo que afirma seu triunfo sobre a matéria. Para muitos o número 21 representa a perfeição por excelência, pois, é três vezes o número cósmico sete. A coroa de louros representa recompensa, coroação da obra e reconhecimento dos esforços realizados. A figura central de caráter andrógino veste uma simples franja de tecido cor de carne. Tanto a posição das suas pernas quanto a forma do tecido indicam um movimento evolutivo no mundo espiritual, após um longo percurso rico de ensinamentos. Pode se pensar no mundo como um tempo para o repouso, como o momento entre a morte e a vida, quando a alma espera a reencarnação no mundo material e chega a ser una no universo de onde veio. É o momento de desfrutar dessa sabedoria, saborear essa prosperidade e admirar a obra de arte pessoal que alguém criou. Dentro em pouco, tudo começará outra vez.

A carta do mundo marca um momento em que se terminou um ciclo e outro apenas se inicia. Representa um ato final para todas as expectativas e desejos e a iminente aproximação das novas aspirações a seguir e novas metas a alcançar. Essa carta é a confirmação do êxito e a recompensa para todos os esforços. Com a chegada do mundo vêm o êxito assegurado e o bem-estar material, assim também a realização das emoções e o desenvolvimento no aspecto espiritual.

Personalidade: A segurança e a harmonia que agora se desfrutam, recompensam todos os esforços realizados. O mundo anuncia vitória, êxito, perfeição e honras.

Plano afetivo: Acordos harmônicos e fortes. Proteção de todas as relações afetivas e amistosas. Facilita os encontros por motivo de viagens e deslocamentos. Outorga felicidade, alegria e amor.

Profissão: No mundo material, a energia dessa carta manifesta-se amiúde como uma promoção ou uma ascensão a um posto mais elevado ou ao início, em novo nível, de um conhecimento profissional com o que antes era apenas sonho. Possíveis viagens ao exterior, relacionadas com a profissão. É o momento de recolher as recompensas por todos os esforços realizados.

Saúde: Qualquer enfermidade remeterá à saúde que rapidamente será recuperada. Em caso de viagem a países exóticos, será necessário tomar todas as precauções pertinentes.

Economia: Os assuntos financeiros melhorarão constantemente. O dinheiro entra com facilidade. Todos os bens garantidos sob uma proteção benéfica. A fortuna se incrementará de uma maneira inesperada.

Espiritualidade: Todos os princípios cósmicos se unirão para que a pessoa harmoniosamente se abra às leis da sabedoria.

Síntese do arcano: No geral, a aparição do mundo é um motivo de felicidade e um indicador de harmonia. É a confirmação de que tudo está funcionando devidamente e de que tudo está em seu lugar. Essa chave é a personificação de um agradável equilíbrio dinâmico e de uma conexão com tudo o que nos rodeia e também com níveis mais elevados da existência. Assim, felicidade e conexão são seus significados primordiais. Também está implícita a ideia de êxito e de sucesso, de cumprimento, de consagração, de metas atingidas, de proteção e bênção. Este tempo, porém, de regozijo e de felicidade, está acima do êxtase, unicamente nos dará uma grande visão da montanha seguinte que já se desenha no horizonte, pela qual uma vez mais deverá ascender e esforçar-se, deverá preparar-se para iniciar uma nova viagem do louco e para descobrir os segredos que jazem nesse novo nível da existência. O ciclo dos arcanos maiores inicia-se onde termina e termina onde começa; o início e o fim não são o final de uma linha reta, senão pontos coincidentes na circunferência de um círculo que encerra a vida de uma pessoa. O presente é agora. A eternidade é agora.

Os Arcanos Menores

As 56 cartas que formam os arcanos menores estão divididas em quatro naipes: ouros, copas, espadas e paus: cada um destes quatro tipos contém dez cartas numeradas de um a de dez e quatro figuras da corte que são: o Rei, a Rainha, o Cavalo e o Valete. As figuras da corte costumam representar pessoas que têm certa relevância na vida do consulente, enquanto que as cartas numeradas refletem os motivos conscientes e inconscientes que nos impulsam a atuar e também as possíveis direções que tomaram nossos atos.

Os Ouros

Os ouros, vinculados com o elemento terra, têm sempre a ver com a realização, qualquer que seja a forma ou o significado que possa ter essa para uma pessoa. Seu significado prático costuma estar relacionado com o trabalho produtivo, com a organização e especialmente com o dinheiro e as riquezas materiais.

Ás de Ouros

Um grande disco ou moeda de ouro ocupa o centro da carta, rodeado de ramos de trepadeira com flores. Sua presença em uma tirada indica bem-estar e êxito em todos os campos. Simboliza a abundância, a confiança e o fato de ter os pés no chão. Mostra que a semente da prosperidade está começando a frutificar e este fruto pode tomar qualquer forma. Com frequência, é uma indicação de que os sonhos do consulente poderão facilmente converter-se em realidade e usa ideias em algo tangível.

Plano afetivo: Vida sentimental sem tormentas à vista. Entendimento e harmonia perfeitos, junto a certo bem-estar material. Essa carta promete que os desejos da pessoa se cumprirão também no campo afetivo.

Economia: A porta da prosperidade está aberta. As preocupações materiais não têm razão de ser, pois a situação financeira é ascendente.

Profissão: A atividade profissional evolui para o êxito. O ás de ouros favorece os negócios importantes e também as sociedades. Para os empregados anuncia uma época boa com excelente ambiente no trabalho e possível ascensão.

Saúde: Pequenas dores ou problemas de saúde desaparecerão como por um passe de mágica.

Síntese do arcano: Esse arcano personifica o êxito e o triunfo, promete estabilidade e sobretudo neutraliza as influências negativas, os mal-entendidos e sobretudo as armações ocultas. Suas qualidades positivas veem-se potencializadas quando aparecem junto a ele, a roda da fortuna, o sol e o mundo.

Dois de Ouros

Dois discos de ouro situados um sobre o outro estão enlaçados por um S de cor azul que sugere uma espécie de oposição entre o material e o espiritual. A presença dessa carta em uma tirada costuma trazer complicações aos planos da pessoa e trazer-lhe preocupações, especialmente no campo econômico e no profissional.

Plano afetivo: As amizades e os relacionamentos sentimentais deixam muito a desejar. Os contatos afetivos serão difíceis e há riscos de que se produzam conflitos, muito elevados.

Economia: O dinheiro chegará com dificuldade, o que gerará problemas. Essa carta prediz uma época de restrições e de escassez.

Profissão: Relações de trabalho irritantes e ambiente de trabalho ruim. No plano social não se logra o que fora proposto. As empresas e os negócios passarão igualmente por uma época de dificuldades.

Saúde: Pequenas doenças e indisposições trarão gastos imprevistos.

Síntese do arcano: O dois de ouros é uma carta que simboliza travas e dificuldades econômicas que poderão ter uma repercussão direta na vida sentimental da pessoa. Esse significado mais se acentua quando vier acompanhado do enforcado, da torre ou do ermitão.

Três de Ouros

Um dos discos de ouros está situado sobre os outros dois, formando com eles um triângulo e acrescentando um elemento nove que equilibra a dualidade e a oposição anterior. A aparição dessa carta em uma tirada traz modificações positivas e contribui para que os planos da pessoa cheguem a um bom termo. As ações e os trabalhos que se realizem nesse sentido serão eficazes e trarão bons resultados.

Plano afetivo: As relações sentimentais experimentarão incremento e um giro positivo. Tanto a amizade quanto o amor ver-se-ão potencializados e reinará a harmonia e o acordo.

Economia: A pessoa verá seus planos coroados pelo êxito. Todas as travas previamente existentes desaparecerão e o sucesso estará assegurado. A situação financeira experimentará progresso maior.

Profissão: Nos campos do trabalho e no social está à vista uma notável ascensão. A sorte e a proteção de que goza farão com que a pessoa logre satisfazer os desejos pessoais no campo profissional.

Saúde: A tranquilidade e a força serão a nota predominante, e se vencerá facilmente qualquer problema físico que se tenha apresentado antes.

Síntese do arcano. Êxito assegurado. Os planos e os desejos se cumprirão, sobretudo no plano material e econômico, e muito especialmente se essa carta vier acompanhada do louco, da roda da fortuna e do sol.

Quatro de Ouros

Quatro moedas situadas quase nos quatro cantos da carta, rodeadas todas por adornos florais, enquanto o centro recebe um quadrado que também abriga uma flor, assinalando precisamente a estabilidade e o florescimento do âmbito material. A aparição dessa carta indica o momento estável e a consolidação dos projetos e dos planos da pessoa, especialmente sob o aspecto material ou econômico.

Plano afetivo: Influência muito positiva que estabiliza e dá confiança muito além do âmbito puramente material. As relações de qualquer tipo solidificam-se e os laços estreitam-se em um ambiente seguro e de confiança.

Economia: A segurança financeira é muito clara. Podem vir dificuldades, mas nunca se deixará de encontrar uma solução, possivelmente graças ao apoio e à ajuda de amigos ricos. Qualquer transação, inclusive especulações, serão positivas.

Profissão: Grandes possibilidades de êxito e de ver cumpridas as esperanças e os desejos do consulente. Expansão enriquecedora e benéfica. Notável avanço profissional.

Saúde: Sempre que se atue com prudência a saúde será ótima.

Síntese do arcano: Esse arcano menor vem para confirmar a segurança em todos os âmbitos da vida, mas especialmente no financeiro, sobretudo se vier acompanhado pelo imperador, pela justiça ou pela força.

Cinco de Ouros

Quatro discos de ouros estão situados nas esquinas da carta, enquanto que um quinto ocupa o centro, todos rodeados por hastes com duas flores, uma para cima e outra para baixo. A presença dessa carta em uma tirada favorece a boa reputação da pessoa. Além do mais, indica perspectivas promissoras no âmbito material, e que tudo conduz a uma via ascendente. É um momento de esperança e ilusão.

Plano afetivo: As relações serão fáceis e a comunicação aberta. Há sinceridade total nos sentimentos para o consulente. Novos contatos e amizades harmoniosas e agradáveis.

Economia: Tranquilidade no âmbito financeiro. A preocupação será facilmente dissipada. Qualquer operação que se empreenda logrará um bom resultado e tenderá a desenvolver-se com certa facilidade.

Profissão: A vida social melhorará largamente. Com os dotes de organizador logrará um proveitoso fruto. Atingirá renome e ascensão profissionais.

Saúde: A energia flui e circula livremente protegendo a pessoa no âmbito da saúde.

Síntese do arcano: O cinco de ouros vem dizer ao consulente que a situação está evoluindo de um modo muito proveitoso. Tudo parece encaminhado ao êxito. Confirma a estabilidade material, especialmente quando vem acompanhado do papa, da temperança e da estrela.

Seis de Ouros

Quatro discos de ouros formam um quadrado no centro da carta, enquanto que outros dois estão situados: um na parte central superior, outro na parte inferior. Todos estão separados por hastes vegetais, pelo que sua energia não pode somar-se, e trabalha de forma individual. A presença do seis de ouros em uma tirada vem predizer obstáculos e problemas que alterarão a estabilidade geral. Qualquer projeto ou plano em marcha será lento ou experimentará sensíveis atrasos.

Plano afetivo: A vida sentimental não pode se dizer que seja muito feliz. Conflitos e problemas geram decepções e contrariedades. É possível que a pessoa se dê conta de que cometeu erros na hora de escolher as relações de amizade ou sentimentais.

Economia: Os assuntos financeiros passarão também por uma época de dificuldades. Obstáculos inesperados virão transtornar a entrada de dinheiro, e é possível que certos compromissos dessa área não possam ser cumpridos.

Profissão: Do mesmo modo, também é possível que se apresentem travas no âmbito do trabalho. Dar-se-ão desacordos que irão minar a confiança e poderão colocar a pessoa em posição de debilidade. Os esforços realizados não produzirão o resultado que se esperava.

Saúde: É possível que se dê uma pequena perda de vitalidade, mas nada especialmente grave.

Síntese do arcano: Surgirão contratempos que atrasarão os projetos e os planos da pessoa, ainda que muitas vezes será ela a responsável de tudo quanto lhe ocorra. Essas dificuldades serão acentuadas, caso a carta venha acompanhada do enforcado, da torre, do louco ou do diabo.

Sete de Ouros

Vemos um grupo de quatro discos de ouros que, formando um quadrado, ocupa a parte inferior da carta. Na parte superior, outros três ouros formam um triângulo com o vértice para baixo. O três, nesse caso, está dominando o quatro. A presença do sete de ouros em uma tirada indica êxito e triunfo material. Qualquer acontecimento que afete diretamente o consulente se verá sob sua influência positiva.

Plano afetivo: O bem-estar material contribuirá para que melhore a relação de casal. O bom entendimento ajudará a estreitar os laços afetivos. Essa carta contribui para que se evitem conflitos, e cria estabilidade.

Economia: As dúvidas nesse campo, com o sete de ouros presente, duram pouco. A vitória sobre os problemas econômicos é obtida de maneira fácil e tranquila. A situação financeira é muito favorável.

Profissão: Êxito e domínio nos campos social e profissional. Qualquer obstáculo será vencido com facilidade. Os planos e projetos se cumprirão rapidamente.

Saúde: No caso em que se apresente alguma doença, a saúde se recuperará de modo fácil e rápido.

Síntese do arcano: A decisão de lograr o êxito conduz ao êxito. Qualquer situação não desejável melhorará rapidamente. Toda evolução será positiva. Essa carta é especialmente triunfante, se vier acompanhada dos dois caminhos, da lua ou do louco.

Oito de Ouros

As oito moedas estão colocadas de uma forma totalmente simétrica, separadas, como sempre, por hastes com flores. A presença dessa carta em uma leitura indica falta de perseverança e de confiança. A instabilidade afetará o andamento de qualquer projeto ou plano.

Plano afetivo: A vida afetiva se verá exposta a penas e decepções. As relações serão tormentosas e só deixarão lamentos. Certa instabilidade fará que o amor não possa prosperar.

Economia: A entrada de dinheiro será insuficiente. As dificuldades econômicas lhe complicarão bastante a vida, mas sem que a pessoa chegue à verdadeira catástrofe. Simplesmente, não se conseguirá manter o previsto equilibrado, o que irá criar preocupação e maus momentos.

Profissão: Os esforços realizados no trabalho conseguirão chegar a resultados tangíveis. A atitude do trabalho apenas aporta satisfações e tudo, neste campo, encontra-se meio estancado. Desacordos entorpecerão a boa marcha dos negócios.

Saúde: Carta pouco favorável à saúde. É possível que apareçam pequenas moléstias.

Síntese do arcano: O oito de ouros é, em geral, uma carta que influi negativamente em todos os assuntos, tanto econômicos, quanto de qualquer outro tipo. Tudo vem a complicá-lo, especialmente se estiver acompanhado pelos dois caminhos, pela lua ou pelo louco.

Nove de Ouros

Vemos dois grupos de quatro ouros, cada qual separado por um que ocupa o centro da carta. A presença dessa carta em uma tirada contribui para a segurança e a tranquilidade em todos os campos. Favorece o juízo claro e a percepção de como as coisas podem transcorrer, o que contribui sempre para lograr êxito.

Plano afetivo: O bem-estar emocional e sentimental se vê aqui muito influenciado pela bonança material. O entendimento com as pessoas que nos rodeiam é muito bom e a relação agradável. No casal e nos relacionamentos sociais reina tranquila a felicidade.

Economia: Graças à prudência e ao conhecimento do que faz a pessoa, o êxito material está assegurado. Uma tranquila confiança irá acelerar qualquer operação e a levará ao triunfo.

Profissão: Qualquer que seja a atividade profissional que a pessoa desenvolva, a influência benéfica do nove de ouros se fará sentir. Todo esforço será recompensado. Segurança e confiança abrirão caminhos, e o êxito coroará finalmente qualquer empresa.

Saúde: A vitalidade será elevada. Ausência total de enfermidades.

Síntese do arcano: O nove de ouros é símbolo de discernimento, confere segurança e promete satisfações no campo material e profissional. Estas qualidades reforçam-se especialmente quando a carta aparece acompanhada pelo papa, pela estrela ou pela temperança.

Dez de Ouros

Entre talos vegetais com flores, vemos as dez moedas de ouro agrupadas em dois quadros com quatro ouros nas esquinas e um central, formando uma espécie de dupla harmonia. A presença dessa carta em uma tirada indica transformações felizes e rápidas. O crescimento será veloz e as melhoras muito positivas.

Plano afetivo: O dez de ouros indica proteção nas relações sentimentais. O entendimento com as pessoas mais próximas será fácil e todos os contatos amistosos ou sentimentais se reforçarão. Reinará a felicidade.

Economia: Segurança financeira. Pode se esperar um incremento na fortuna da pessoa. Todos os seus bens gozam de uma espécie de benéfica proteção. A providência e a sorte dissiparão qualquer impedimento ou problema.

Profissão: A segurança afetiva ajudará o progresso no campo profissional. A carreira ou o trabalho da pessoa dará grande salto, e todo o esforço se verá amplamente recompensado. Qualquer plano ou projeto se concluirá com êxito.

Saúde: Tanto no plano físico quanto no moral, a vitalidade será notável.

Síntese do arcano: Essa carta vem prever grande melhora em todos os aspectos da vida, mas especialmente no âmbito material. Tais qualidades vêm com reforço, quando acompanhadas pela roda da fortuna, pelo mundo, pelo sol ou pelo juízo.

Valete de Ouros

Um jovem, cujo chapéu tem a forma semelhante a um oito cósmico, mostra na mão direita erguida uma moeda de ouro. O solo tem também a cor de ouro, o que vem a identificar a fecundidade do plano material. Essa carta pode representar um jovem sério, inteligente e agradável. Pode ser o próprio consulente, sua noiva, seu filho, seu irmão ou um amigo. É favorável ao avanço material e traz sorte e êxito no âmbito profissional. Também faz referência à reflexão e à aplicação no trabalho.

Cavalo de Ouros

Vemos um jovem sobre um cavalo que marca o passo. Está olhando uma moeda de ouro situada diante dele no ar, enquanto a mão direita sustenta um bastão, símbolo da atividade racional. Essa carta permite bons ganhos materiais e ampla satisfação profissional. Acelera a realização de qualquer projeto e o desenvolvimento dos negócios. Confere estabilidade em todos os planos. Não favorece muito a atividade se não for antes bem calculada. Resumindo, o cavalo de ouros confere influência benéfica e protetora.

A Rainha de Ouros

Vemos uma mulher sentada que mantém uma moeda de ouro erguida em sua mão direita, símbolo de âmbito material. Sua coroa como o cetro que leva na mão esquerda indica, por sua vez, poder, mando. A rainha de ouros representa uma mulher inteligente, séria e fiel. Pode ser a própria consulente, sua esposa, sua mãe ou uma amiga. Não é uma carta muito favorável à vida afetiva, não obstante indique sinceridade. Aporta soluções práticas aos assuntos materiais ou econômicos, facilita os contatos e as relações profissionais, e nestes campos é uma influência muito protetora e benéfica.

O Rei de Ouros

Vemos nessa carta um homem sentado, cuja barba branca fala-nos da sua experiência e dos seus conhecimentos. Usa um chapéu cuja borda recorda um pouco o símbolo do infinito. Sua perna esquerda está cruzada sobre a direita e mostra na mão direita uma moeda de ouro. Essa carta apresenta um homem sério, responsável, inteligente e honrado. Pode ser a próprio consulente, seu cônjuge, seu pai ou um amigo e tem uma influência benéfica sobre todos os assuntos materiais. É alguém com quem se pode contar.

Ás de Copas

As copas estão conectadas com o elemento água. É o elemento que governa as emoções, as relações, a intuição, o prazer e o amor. Geram energia através da realização emocional e espiritual, sem nada a ver com os ganhos materiais. O elemento água costuma envolver paz e equilíbrio, que fluem dos planos superiores aos inferiores. Também pode ser abrupto, pode ser um charco pouco profundo ou um oceano sem fundo, dependendo do seu entorno. A grande variedade das emoções humanas fará que o significado das copas se adapte às diferentes circunstâncias. Essa grande copa em forma de catedral ou de catedral de marchetaria registra um começo, um ponto de partida, um princípio. Sua presença indica alegria, felicidade e contentamento. Os julgamentos que se realizarem serão claros e inspirados, e qualquer decisão se tomará inteligentemente.

Plano afetivo: Anuncia um encontro, o princípio de um afeto ou de um amor. A perfeição e o prazer se combinam para nos dar harmonia perfeita em nosso relacionamento com o ambiente. Os contatos e a relação com amigos e conhecidos se incrementarão.

Economia: Prevê satisfações também nesse campo. Uma atividade agradável nos trará benefícios econômicos. Bons augúrios no campo financeiro para o futuro próximo.

Profissão: Entusiasmo no trabalho. É também possível que o trabalho tenha a ver com uma relação de tipo sentimental ou afetivo. Possível ascensão ou promoção próxima, assim também um aumento nas responsabilidades.

Saúde: O ás de copas gera uma moral excelente, o que se torna estimulante para a saúde em geral.

Síntese do arcano: Os desejos e os projetos da pessoa se realizarão. Os laços amistosos ou afetivos se consolidarão. Novas e boas perspectivas despontarão no horizonte. Quando aparece junto ao sol, ao mago ou à estrela, vem confirmar um amor ou pelo menos encontros amorosos.

Dois de Copas

Vemos o dois de copas situado junto à outra. A cor amarela acentua a intuição e a inteligência, enquanto que o vermelho registra melhor a atividade. O dois conduz à dualidade e à rivalidade. Sua presença em uma tirada indica luta afetiva. Há decisões e projetos opostos e suas consequências são ingratas.

Plano afetivo: Essa carta anuncia mal-entendidos, discussões e desentendimentos. Certezas, ainda que superficiais, deprimem e decepcionam o consulente. Afrouxam-se os laços e as relações com o ambiente que podem tornar-se decepcionantes.

Economia: É possível que contratempos sem importância nos preocupem mais do que o devido. Gastos imprevistos, talvez relacionados com o desejo de ser agradável aos demais. Finalmente, custa muito trabalho manter um equilíbrio financeiro.

Profissão: Antipatia contra alguém no âmbito de trabalho. Talvez um excesso de trabalho gere decepção. Os esforços não são recompensados como deveriam.

Saúde: Pequenas indisposições, mas sem gravidade.

Síntese do arcano: A dualidade representada por essa carta cria sempre dualidade e conflitos. Qualquer mal-entendido sem importância será suficiente para que a outra pessoa se sinta ferida. Quando está junto aos dois caminhos ou à justiça indica dualidade afetiva. Quando aparece com o arcano número 13, ciúmes ou inveja.

Três de Copas

Vemos uma copa em uma posição dominante sobre outras duas, que se situam no mesmo plano lado a lado. Simbolicamente, essa carta indica-nos que a unidade domina a dualidade e que, de fato, acentua a atividade, gerando outra de um nível superior. A presença dessa carta costuma aportar soluções de dificuldades e problemas. Qualquer projeto em andamento se concretizará e os resultados serão satisfatórios.

Plano afetivo: Essa carta vem indicar a recuperação da alegria e da felicidade. As amizades, os laços afetivos e o amor florescerão e irradiarão luz e beleza. Os encontros e os contratos serão harmoniosos e agradáveis.

Economia: As finanças melhorarão sensivelmente. É possível que chegue um dinheiro inesperado. Qualquer projeto de tipo econômico terá êxito.

Profissão: O bom entendimento e a harmonia reinarão no âmbito do trabalho. Facilmente se realizarão os planos previstos e os objetivos serão atingidos sem grande esforço nem sofrimento.

Saúde: Força e vitalidade vencerão qualquer problema que se possa apresentar.

Síntese do arcano: Essa carta indica êxito nas empresas que tenhamos em mãos. Fim das preocupações e dos problemas. Sensação de alívio e de liberação. Se vier acompanhada com a imperatriz, o juízo, o mundo ou a roda da fortuna, pode indicar recepção de boas notícias por escrito.

Quatro de Copas

As quatro copas que vemos nessa carta formam um quadrado estável. O próprio número quatro acentua o equilíbrio na sua manifestação material. Sua presença registra solidez, indicando que tudo se consolidará. Pode-se dizer que representa a afirmação, a mestria e a consolidação.

Plano afetivo: Sentimentos sólidos e fortes. Confiança. Não se trata de desejos passionais nem da veleidade dos caprichos, senão de sentimentos sérios e profundos, baseados no conhecimento e na confiança. A vida afetiva é tranquilizadora.

Economia: No campo financeiro goza-se de uma evidente proteção. Existe uma gestão e uma administração eficaz e muito precavida, sempre voltada para o futuro. Busca-se a segurança e esta é devidamente apreciada. Em geral, a situação é sólida e tranquilizante.

Profissão: Ambiente muito bom no trabalho e nas relações amistosas entre companheiros e superiores. Isso faz prever um futuro de plena segurança e de promessas.

Saúde: Salvo no caso em que se cometa grandes excessos, essa carta anuncia boa saúde em todos os níveis.

Síntese do arcano: O quatro de copas nos mostra que os aspectos materiais estão relacionados e entrelaçados com os afetivos, e que o equilíbrio entre ambos permite construir bases sólidas para o futuro. Quando aparece junto com a força ou o imperador, confirma a ideia de segurança afetiva. No caso de vir acompanhada pelo arcano número 13, o diabo, ou pelo carro, pode ser indício de um domínio excessivo no plano sentimental.

Cinco de Copas

Vemos copas em cada uma das esquinas da carta e a quinta ocupa o centro. Esta copa central vem com um elemento novo, um elemento de equilíbrio que está representado pelo número cinco. Sua presença traz harmonia e sabedoria. As perspectivas e as esperanças tendem a concretizar-se, e se recuperará a paz e a tranquilidade.

Plano afetivo: O cinco de copas vem tranquilizar o consulente a respeito dos sentimentos de outra pessoa. Suas esperanças serão cumpridas em ambiente de paz e harmonia.

Economia: Podem surgir atrasos ou pequenas dificuldades financeiras relacionadas com assuntos sentimentais. O aspecto material não está correspondendo exatamente àquilo que se esperava e isto pode dificultar o equilíbrio do orçamento.

Profissão: Tanto a situação de trabalho quanto a social apresentam perspectivas excelentes. Em parte, vão melhorar graças a elementos novos que surgiram ou vão surgir no âmbito profissional da pessoa. Seguramente, lhe serão atribuídas novas e mais importantes responsabilidades do que as que tivera até agora.

Saúde: A tranquilidade e a paz de espírito que implicam o número cinco acalmarão e regenerarão a saúde, inclusive, bastante débil até então.

Síntese do arcano: As esperanças da pessoa têm muitas possibilidades de ser realizadas. As situações que possam se apresentar, se afrontarão com sabedoria e sutileza e, ao mesmo tempo, novas afinidades e novos relacionamentos aportarão aspectos promissores. Junto com o papa, a temperança e a estrela confirmam a harmonia no aspecto sentimental. Com a lua e a sacerdotisa, pode indicar o nascimento de uma criança.

Seis de Copas

Uma haste florida separa dois grupos de três copas, uma sobre a outra. Um dos grupos está à esquerda da haste e o outro à sua direita. Esta separação muito clara já transmite a ideia de oposição, de falta de unidade e inclusive de divisão ou de disjuntiva entre dois polos, opostos, o bem e o mal, conceito este que, desde sempre tem estado associado ao número seis. A aparição do seis de copas em uma leitura costuma indicar sacrifícios, limitações e travas que virão a frear a materialização dos planos e a realização das esperanças da pessoa.

Plano afetivo: Essa carta anuncia contrariedades na vida amorosa e sentimental. Os contatos neste campo estarão marcados pelas decepções e pela incompreensão. As amizades poderão ver-se igualmente afetadas por oposições, conflitos e desacordos. As amizades se restringirão e alguma relação amistosa poderá gerar decepções.

Economia: A economia da pessoa também se verá afetada de uma forma negativa. Talvez os fracassos neste campo sejam consequências de haver confiado em quem não devia, e muito provavelmente essa confiança fora propiciada por algum sentimento afetivo. Alguém se aproveitou e abusou da boa disposição da pessoa que fez a consulta.

Profissão: A falta de confiança em si mesmo fará com que os obstáculos neste campo se incrementem e cresçam, gerando instabilidade que talvez resulte em situação de fraqueza e desagrado. As contrariedades e a falta de liberdade serão a tônica no campo profissional.

Saúde: A falta de vitalidade abre a porta para a depressão que, como sabemos, pode levar a uma multidão de doenças físicas.

Síntese do arcano: Qualquer plano, desejo ou projeto se verá freado. Essa carta anuncia obstáculos generalizados em todos os campos. Se aparecer junto ao enforcado ou à lua poderá predizer desenganos sentimentais.

Sete de Copas

Nesse vemos uma coluna central de três copas, enquanto mais quatro copas ocupam as quatro esquinas da carta. O número sete vem nos anunciar uma transformação positiva e em geral, harmonia e êxito. A presença do sete de copas em uma tirada indica influência favorável em todos os assuntos requeridos, ou melhor, em tudo o que afete o consulente.

Plano afetivo: Tanto em assuntos amorosos quanto na amizade, essa carta vem predizer alegria, aproximação e felicidade. O bom entendimento estreita os laços afetivos. Indica igualmente união ou talvez, matrimônio. Tudo é promissor, e o ambiente, em geral, é propício. Economia: a tranquilidade e a estabilidade econômica dão segurança e paz ao consulente. O aspecto benéfico desse arcano afeta tanto as finanças quanto o lado afetivo. Qualquer esforço renderá mais frutos do que o esperado, podendo-se chegar a certa abundância e inclusive à riqueza.

Profissão: A liberdade e o êxito na profissão unem-se para fazer com que as esperanças e as ilusões saiam triunfantes. A boa harmonia com o entorno e demais irá acelerar o sucesso. No campo do trabalho o sete de copas indica sempre segurança e bons resultados.

Saúde: Caso exista alguma doença, algum problema anterior, a recuperação será rápida e efetiva.

Síntese do arcano: A vontade e a decisão levam ao êxito sob todos os aspectos de vida. Os problemas se desvanecerão e os mal-entendidos serão esclarecidos. Êxito no campo sentimental, especialmente se vem em companhia do carro, da força ou do imperador. No caso de aparecer junto ao sol poderia indicar matrimônio.

Oito de Copas

Duas copas rodeadas por uma espécie de trepadeira ocupam o lugar central dessa carta, enquanto três estão alinhadas acima e outras três abaixo. O número oito sempre teve um significado cósmico, o que pode, às vezes, entranhar fatos e situações, que a partir do ponto de vista humano podem ser percebidos como violentos. Por isso, a presença dessa carta em uma leitura pode vir a complicar as coisas ou pelo menos tirá-las da sua perspectiva planejada ou prevista.

Plano afetivo: Com frequência, o oito de copas gera discussões e mal-entendidos. Também problemas e decepções. Quanto às amizades e às relações amorosas indica discórdia, ruptura e abandono. Resumindo: crise sentimental à vista.

Economia: No aspecto financeiro chegarão surpresas desagradáveis. As complicações neste campo virão amargar a vida do consulente, impossibilitando-o do cumprimento de compromissos já assumidos.

Profissão: Desilusões também neste âmbito, relacionadas geralmente com os superiores. O risco de que a reputação oscile, gera preocupações e impede que os trabalhos sejam conduzidos a bom termo. Essa carta prevê bastante atividade e trabalho abundante, mas parcos resultados.

Saúde: As preocupações e as inquietações serão a tônica usual.

Síntese do arcano: Em geral, essa carta indica contratempos na vida sentimental, desilusões e preocupações, mas muito especialmente se vem acompanhada da torre, do enforcado, do ermitão ou do arcano número 13.

Nove de Copas

Temos aqui a tríade três vezes representada, quer dizer três linhas de três copas cada uma. O número nove vem indicar uma transmutação, um novo ciclo. Sua presença na leitura costuma ser indício de paz, felicidade e alegria.

Plano afetivo: Potencializa a felicidade conjugal. Augura um entendimento perfeito entre todas as relações de tipo afetivo e amistoso. Os sentimentos são profundos e sinceros.

Economia: Carta muito favorável, que prediz grande bonança, notável bem-estar econômico. Dissipa todas as preocupações neste campo e favorece investimentos produtivos.

Profissão: Todo esforço será reconhecido e recompensado. O trabalho transcorre em bom ambiente e com alegria. As empresas continuarão bem e o êxito profissional e social parece seguro.

Saúde: Recuperação da saúde. Força e vitalidade.

Síntese do arcano: O nove de copas é sinônimo de alegria, tranquilidade e bons augúrios. Indica satisfações no terreno sentimental, especialmente se vem acompanhado pelo mago ou pela estrela. Matrimônio à vista se vem acompanhado do papa, e um amor muito espiritual, caso apareça o ermitão.

Dez de Copas

Nesse caso, vemos uma copa de maior tamanho e importância que as demais e que repousa sobre três séries de três copas cada qual. Sua posição e seu tamanho parecem indicar que esta copa maior é uma espécie de síntese das outras nove. O número dez é sempre a culminância de algo. Indica o cimo, o ápice e assinala transformações felizes e benéficas.

Plano afetivo: O dez de copas costuma sempre predizer felicidade e amor, favorecendo o entendimento com os demais, as relações harmoniosas, os afetos fortes, a amizade e a espontaneidade.

Economia: Proteção no campo econômico. Evolução interessante. Êxito assegurado.

Profissão: Muitas possibilidades de receber uma ascensão ou promoção. O trabalho transcorre feliz e em boa harmonia.

Saúde: Recuperação da energia e da força, tanto no aspecto físico quanto no moral.

Síntese do arcano: Carta benéfica em todos os campos, mas especialmente no sentimental, sobretudo se vem acompanhada do sol, do juízo ou da imperatriz.

Valete de Copas

Vemos um jovem em posição de caminhada, enquanto sustenta na mão direita uma copa estreita e aberta, pronta para ser cheia, na outra mão traz a tampa. Tem na cabeça uma grinalda de flores, símbolo de amor e de harmonia. Em uma leitura, essa carta representa um jovem atento e amável, talvez tímido ou serviçal. Pode ser a próprio consulente, seu noivo, seu filho, seu irmão ou um amigo. É uma carta indicadora de alegria e sentimentos sinceros, ainda que pouco ativa, pois nunca costuma significar grandes sucessos. Contudo, sua influência sobre o âmbito afetivo é muito boa.

Cavalo de Copas

Um jovem, com a cabeça descoberta. Está montado sobre um cavalo que galopa. Na sua mão direita traz uma copa aberta à maneira de oferenda. Essa carta indica mudança ou evolução importante no lado afetivo, algo que trará alegria e felicidade. Quanto aos outros aspectos da vida, seu significado não costuma ser demasiado relevante. Sua aparição é sempre benéfica, marcando melhoria ou mudança positiva no campo afetivo, e consolidação das relações já existentes.

Rainha de Copas

Vemos uma figura feminina coroada, sentada e vestida com trajes nas cores azul e vermelho que sustenta na mão direita uma copa fechada. Representa uma mulher agradável, amável e boa. Pode tratar-se da própria consulente, sua mãe, uma irmã, uma amiga, a esposa do consulente. É uma carta pouco favorável sob os aspectos profissional e material. Não obstante, é muito positiva ao se tratar de amizade, relações amorosas, sentimentais ou afetivas.

Rei de Copas

Vemos nesta lâmina uma figura masculina com barba branca, símbolo de idade e experiência, com uma coroa de ouro, indicadora do seu poder, trazendo uma copa na mão direita. Essa carta representa um homem bom, amável e nobre. Pode ser o próprio consulente, um colega, seu pai ou um amigo, ou o cônjuge da consulente. É uma carta favorável para tudo que represente atividades profissionais. Indica melhora no plano econômico e excelentes relações com as pessoas do entorno, mas antes de qualquer coisa, anuncia proteção.

Ás de Espadas

As espadas estão especialmente relacionadas com o elemento ar, quer dizer, com tudo o que seja de caráter mental, com os estudos, a inteligência, o saber e o ensino, mas com frequência tem também um significado de perigo, assim como de valor, de coragem e de arrojo diante das situações que o requeiram.

Vemos uma mão que sustenta com firmeza uma espada em posição vertical, com a ponta para o alto. Esta espada é o símbolo do valor, mas também da fatalidade. Sua ponta está oculta, coberta por uma coroa de ouro, símbolo do poder. Os ramos de louro e de carvalho que destacam a coroa simbolizam a vitória e a energia. A aparição dessa carta em uma leitura aporta a força necessária para que se levem adiante os planos do consulente, para que seus projetos e suas esperanças saiam triunfantes.

Plano afetivo: Com posição firme se poderá estabelecer facilmente a ordem no plano sentimental. A força intelectual e mental confere à pessoa certo poder sobre os demais, enquanto que seu bom-senso lhe proporcionará o equilíbrio no plano das amizades.

Economia: A solução para sair de dificuldades econômicas será encontrada com grande facilidade. Possíveis ganhos de considerável tamanho. Uma administração prudente será a peça importante para conseguir segurança e estabilidade no plano material.

Profissão: Todos os assuntos que estejam em andamento, realizar-se-ão facilmente. O ânimo, a decisão e o desejo de triunfar permitirão iniciativas excelentes e todos os esforços realizados lograrão sua recompensa. Caso se empreenda alguma nova empresa, seu desenvolvimento será positivo, graças a uma administração eficaz.

Saúde: A vitalidade da pessoa fará com que sobrepuje com facilidade pequenas moléstias.

Síntese do arcano: O ás de espadas é o arcano da inteligência e do raciocínio. Por seu grande poder libertador vem anunciar o êxito e a vitória sobre todas as dificuldades. Quando aparece junto à justiça, ao imperador ou ao carro seu significado de poder no aspecto externo ou físico se vê acrescentado. Não obstante, sua conotação de força e domínio no ânimo espiritual é especialmente acentuada, quando aparece junto ao papa e à sacerdotisa.

Dois de Espadas

Duas espadas simbólicas cruzam-se deixando um espaço central de forma amendoada, que é ocupado por uma flor. A presença dessa carta em uma leitura anuncia sempre lutas, moléstias e problemas de todo tipo. Pode-se dizer que seu significado essencial é de oposição e conflito.

Plano afetivo: Pouco favorável para as relações amorosas ou sentimentais; esse arcano vem indicar muito mais invejas, ciúmes, abuso de confiança e egoísmo. Os conflitos podem chegar ao esgotamento.

Economia: Também é possível que o aspecto financeiro deva passar por momentos difíceis. Parece não haver saída e a preocupação pode chegar a ser estressante.

Profissão: Acordos previamente assumidos desvanecem-se e não é possível cumpri-los. A falsidade e a luta contínua no ambiente de trabalho fazem com que todo progresso nesse campo seja impossível no momento. de novo conflitos, problemas e luta permanente.

Saúde: Não se vê melhoria nas enfermidades, o que origina múltiplas preocupações.

Síntese do arcano: Indica oposição e rivalidade. É uma carta que vem complicar qualquer situação ou qualquer aspecto da vida do consulente. Quando aparece junto ao arcano número 13, potencializa a inveja e os ciúmes. Junto aos dois caminhos, indica desavença e ciúmes entre o casal e com a justiça, embrulhos e dificuldades de tipo legal.

Três de Espadas

Vemos duas espadas estilizadas e curvas que se cruzam, enquanto que outra se mantém erguida e vertical no centro da carta, de forma a neutralizar a oposição ou a dualidade representada pelas outras. Sua presença em uma tirada costuma avisar a respeito de solidão, languidez, atrasos e travas.

Plano afetivo: A situação sentimental complica-se. Desentendimentos e disputas podem chegar a uma ruptura. Todas as relações sentimentais se verão entorpecidas e com obstáculos.

Economia: Graves problemas econômicos de difícil solução, o que gerará situações comprometedoras e embaraçosas.

Profissão: A vida profissional da pessoa estará seriamente ameaçada. Não se logrará a ascensão prevista em nível social. Os negócios sofrerão todo tipo de dificuldades, e a luta para se manter será dura.

Saúde: Frágil e com altos e baixos.

Síntese do arcano: Como vemos, essa é a carta das complicações e das dificuldades. Indica apuros e maus momentos em todos os campos e em todas as empresas. Será especialmente nociva quando vier acompanhada do arcano número 13 ou da torre, e gerará atrasos, dificuldades e travas, se aparecer junto do ermitão ou do louco.

Quatro de Espadas

Aqui temos duas espadas que se cruzam e se entrelaçam com outras duas, deixando um espaço no centro que é ocupado por uma flor. Estas quatro espadas simbolizam os quatro elementos, aportando cada um deles sua força a essa carta. Assim, quando em uma tirada sai o quatro de espadas, seu significado maior é um aporte de energia e de poder, a fim de que a pessoa possa lutar contra as dificuldades e sair triunfante, sempre que puser o suficiente empenho.

Plano afetivo: As relações sentimentais atravessaram uma época de feliz estabilidade. A paz, a tranquilidade e o bom entendimento com os demais serão a tônica.

Economia: Lograr-se-ão as metas econômicas e financeiras previstas. As aquisições que se façam serão proveitosas e o êxito coroará qualquer empresa.

Profissão: Assuntos que por muito estiveram pendentes se solucionarão e trabalhos, antes considerados problemáticos e aborrecidos, serão completados sem problemas e com facilidade. Parecerá tal qual uma força especial, concedendo à pessoa o dom de vencer qualquer obstáculo.

Saúde: Recuperação pronta da saúde e da vitalidade.

Síntese do arcano: Em meio a uma situação em que não faltam as preocupações e os problemas, o quatro de espadas é a carta que aporta o êxito, o equilíbrio e a tranquilidade. Nenhuma das situações negativas lhe subtrai um pouco da paz e do sossego. Quando aparece junto ao carro, ao imperador ou à força, indica triunfo claro sobre a adversidade. Se vier com o arcano número 13, o juízo ou o papa pressagia libertação, alívio, saída de situações difíceis e penosas. Em qualquer caso, sua mensagem sempre é positiva e de paz.

Cinco de Espadas

Dois pares de espadas simbólicas cruzam-se exatamente igual ao quatro de espadas, só que neste caso, o centro da carta está ocupado por uma quinta espada, que permanece em pé, com a ponta para cima. Essa quinta espada aporta um elemento novo, um pouco de força complementar para seguir lutando contra a adversidade; não obstante é muito provável que esta continue levantando a voz, ainda por algum tempo.

Plano afetivo: Novas atribulações no terreno sentimental geram pesadelo e tristeza. Há mal-entendidos que não se conseguem esclarecer de todo. Talvez existam maledicência e murmúrio. O cinco de espadas pode anunciar também desacordo e conflitos conjugais.

Economia: Existe o risco de que se produzam perdas econômicas. de uma forma ou de outra, apesar de todos os esforços e cuidados, os resultados não são como se desejaria.

Profissão: de imediato, são solicitados à pessoa, trabalhos duros e desagradáveis. Falta de liberdade no trabalho. Restrições de qualquer tipo são impostas pelas circunstâncias e pelos superiores.

Saúde: Tanto a saúde física, quanto a estabilidade moral se ressentem.

Síntese do arcano: O cinco de espadas é a carta das ambiguidades. Neste caso a espada tem um duplo sentido: de um lado é o valor e o poder, por outro, a guerra e a destruição. Quando aparece junto ao mago ou junto à imperatriz indica satisfações modestas. Se vier acompanhada do enforcado, da torre ou do arcano número 13 prediz problemas e preocupações.

Seis de Espadas

Duas tríades de espadas geram dualidade ou oposição entre o que poderia ser o mundo material e o espiritual. Essa carta anuncia obstáculos, dificuldades e desacordo. Preconiza conflitos e rivalidades de todos os tipos.

Plano afetivo: Maledicência e calúnia envenenam o ambiente afetivo, levando a pelejas e discussões. Os esforços de boa vontade que se realizam para melhorar a situação não dão resultado algum.

Economia: Gastos imprevistos podem chegar a uma crise financeira. Bloqueios e obstáculos de todo tipo impedem que saia das dificuldades.

Profissão: Ambiente de trabalho ruim, seja qual for a atividade desenvolvida pela pessoa. Os adversários convertem-se em verdadeiros inimigos. Frequentemente, maledicência e rivalidades costumam gerar pelejas.

Saúde: Várias indisposições dificultarão a mobilidade e a possibilidade de trabalhar e de desenvolver as atividades normais.

Síntese do arcano: O seis de espadas é a carta das imobilizações, da antipatia e da hipocrisia. Não traz nenhuma solução aos problemas já existentes, pelo contrário, complica-os mais. Quando vem acompanhado do enforcado, pode indicar enfermidades. Como costuma acontecer com os arcanos menores de influência negativa, a torre, o louco e o arcano número 13 incrementam sua malignidade.

Sete de Espadas

Aqui vemos de novo dois grupos cruzados, cada qual de três espadas, mais outra espada no centro, que se mantém vertical. A presença dessa carta em uma tirada vem dizer ao consulente que os obstáculos não serão vencidos sem percalços. Haverá de lutar muito para poder abater as dificuldades.

Plano afetivo: A situação afetiva será borrascosa. Apesar das tentativas que se façam para estabelecer a paz e a harmonia, haverá sempre distúrbios. É importante ser precavido e prudente.

Economia: Também poucas satisfações no campo material. Não obstante, há possibilidade de mitigar ligeiramente a situação financeira. de qualquer modo, haverá de lutar muito para lograr o êxito não já, mas certa estabilidade.

Profissão: No campo profissional, haverá de suportar pressões e dificuldades de todo tipo. Se quiser continuar trabalhando com normalidade, será necessária uma dose extra de esforço e, sobretudo, grande confiança em si mesmo.

Saúde: Várias doenças, mas que se podem vencer com certa facilidade.

Síntese do arcano: Esta é a carta do triunfo modesto, logrado através de esforço e grandes sacrifícios. A adversidade está presente, mas pode ser vencida se tiver empenho e valor suficientes. Os obstáculos serão vencidos se o sete de espadas vem acompanhado pelo carro, pela força, pelo mundo ou pelo imperador.

Oito de Espadas

Os dois grupos entrelaçados de quatro espadas cada qual sugere-nos certa estabilidade, mas também boa dose de imobilismo, de paralisação. Sua presença em uma tirada anuncia inconstância e longa espera. Também crises e notícias pouco otimistas.

Plano afetivo: Reprovações e vexames injustificados geram brigas e tensão nas relações, chegando a existir riscos de ruptura e separação.

Economia: Instabilidade que produz dificuldades financeiras e o desânimo não ajuda a superar a crise. Dificuldades para chegar ao fim do mês.

Profissão: Os negócios vão mal, com risco de catástrofes ou quebras. Observações desagradáveis por parte dos superiores geram mal-estar e inconformidade, assim também inquietação quanto à segurança e à continuidade do trabalho. Perda de confiança por ambas as partes.

Saúde: Tanto a moral como a energia física encontram-se no seu ponto mais baixo.

Síntese do arcano: Essa é a carta da insegurança, da falta de certeza, das lutas e das penas. Dificuldades de todo tipo fazem com que qualquer tarefa seja mais complicada e penosa. Se vier acompanhada pela roda da fortuna, dos dois caminhos ou do louco, a incerteza se incrementará ainda mais. Se acompanham-na a torre ou o enforcado, é possível que a saúde seja o motivo principal de preocupação.

Nove de Espadas

Vemos outra vez dois grupos entrelaçados de quatro espadas cada qual, mas agora, com uma espada vertical ao centro. Sua presença anuncia obstáculos que dificilmente poderão ser superados, o que sempre implicará penas e preocupações.

Plano afetivo: As relações afetivas e inclusive amistosas passam por um período difícil. Essa carta pode anunciar separações, rompimentos e inclusive divórcios. Pode assim marcar o final de uma amizade ou de um amor.

Economia: Perigo também de perdas materiais. Gastos inevitáveis que poderão chegar a supor graves provações para a pessoa. Nos negócios, as vendas diminuirão podendo até desaparecer.

Profissão: Ambiente de trabalho ruim, quase adverso ao consulente. Dificuldades e problemas causados por mal-entendidos. Risco de perder o emprego por redução de pessoal.

Saúde: Risco de enfermidade. O desequilíbrio afeta também a parte física.

Síntese do arcano: Essa carta vem predizer problemas e dificuldades das que se resolve com dificuldade. Traz desgosto e amargura, atraso e ruptura, obstáculos de todo tipo, especialmente se vem acompanhada pela torre, pelo afogado, pelo ermitão ou pela lua.

Dez de Espadas

Nessa ocasião, sobre os dois grupos entrelaçados de quatro espadas cada um vemos duas espadas com os vértices tocando-se. A presença dessa carta em uma tirada anuncia que a pessoa vai dispor de um pouco de energia extra que a ajudará a vencer os obstáculos e as dificuldades.

Plano afetivo: Apesar dos problemas, as relações sentimentais melhorarão. O amor próprio continuará sendo ferido, mas nova energia reforçará notavelmente o consulente.

Economia: Operações fáceis trarão algumas entradas econômicas inesperadas. Em geral, o aspecto financeiro está em marcha ascendente, mas será necessário não baixar a guarda. Com um pouco de controle, resultará muito fácil sair dos problemas.

Profissão: Possível êxito profissional que pode propiciar também ascensão em nível social. Tanto os negócios quanto as empresas iniciam um período de ascensão. Parece que, no momento, se acabaram lutas e dificuldades.

Saúde: O corpo reage positivamente, recuperando com rapidez toda a energia perdida.

Síntese do arcano: Essa carta indica mudanças rápidas e positivas. Aporta a força e a energia que nos fazem falta para vencer os obstáculos. Quando vem acompanhada pelo imperador, pela força ou pelo carro confirma uma posição enérgica e vantajosa sobre os sucessos que nos afetam e, ainda, se a acompanham o sol ou o mundo.

Valete de Espadas

Vemos um jovem de pé, imóvel, que acaba de tirar com a mão esquerda uma espada da sua funda. Essa carta vem indicar maldade, inveja e traições. Pode representar uma pessoa jovem, invejosa e mal-intencionada. Pode também indicar sentimentos negativos. O fato é que vem dificultar qualquer situação, e é desfavorável a qualquer tipo de laços afetivos ou amistosos. É a carta que melhor indica o abuso de confiança ou certo perigo por causa de alguma pessoa com más intenções.

Cavalo de Espadas

Vemos um jovem com armadura, que monta um cavalo a galope, trazendo uma espada na mão esquerda. Essa carta indica atos de valentia, de força e de coragem, mas também, às vezes, demasiado temerários. Vem assinalar a tomada de decisões enérgicas. Implica passos e movimentos pouco agradáveis de se realizar, mas graças aos quais se pode anular os impedimentos e esclarecer situações. O cavalo de espadas é o símbolo da força e do poder, aplicados ao combate e à resolução dos obstáculos.

Rainha de Espadas

Vemos uma mulher sentada, vestida com as cores azul e vermelho, trazendo uma coroa de ouro sobre a cabeça e uma espada na mão direita. Essa mulher pode ser a própria consulente ou uma pessoa chegada, como sua mãe, sua avó ou sua sogra. Não é uma figura muito favorável quanto às relações afetivas e pode ser causa de conflitos e tensões dentro da família. Pode ser alguém que provoque pelejas ou que se distinga especialmente por sua insensibilidade.

Rei de Espadas

Esse rei sustém na mão direita uma espada, símbolo de valor e também de fatalidade. Na mão esquerda traz um bastão de comando. Em geral, essa carta tem caráter sério e inflexível. Pode representar o próprio consulente, seu pai, seu cônjuge, ou um familiar de idade. Vem assinalar insensibilidade e dureza em relação à vida afetiva da pessoa. O rei de espadas impõe a qualquer assunto um aspecto de dureza e de severidade. Com frequência tem a ver com assuntos judiciais ou administrativos, e pode representar figuras de autoridade.

Os Paus

Os paus estão relacionados com o elemento alquímico fogo. Representam o poder, o mando, a sexualidade e os instintos primários. Sua característica é essencialmente ativa e masculina.

Ás de Paus

A mão, sustentando verticalmente um bastão rude, é símbolo da virilidade, do poder e do comando. Ao seu redor, chamas multicoloridas representam as distintas energias que preenchem todo o espaço, impregnando o ar que respiramos. A presença do ás de paus em uma leitura indica ordem e trabalho criativo, poder e autoridade viril, mas também, aventura, ânimo e coragem. Vem dizer-nos que a semente do entusiasmo foi semeada em nossa vida. Sua energia traz confiança, segurança e força, ainda que algumas vezes tenha que se arriscar um pouco para lograr aquilo que quer. O ás de paus marca o início de uma época de paixão e de atividade.

Plano afetivo. As relações com as pessoas mais chegadas são estáveis e pacíficas. Também pode anunciar o início de uma aventura, um novo encontro ou uma nova amizade. Existem muitas possibilidades de que estas novas relações tenham a ver com a atividade de algum tipo.

Economia: As decisões assumidas neste campo serão acertadas e darão frutos. Diz-se que a fortuna sorri aos audazes e atrevidos e o ás de copas vem a confirmar-nos que este é o momento de agir. Os novos negócios renderão importantes benefícios.

Profissão: Essa carta vem reforçar a ideia de poder e de comando, anunciando êxito no plano social. O trabalho costuma desenvolver-se de maneira organizada e eficaz. É possível que lhe sejam consignadas responsabilidades de trabalho muito maiores do que as que agora desempenha.

Saúde: Vitalidade, força e energia em abundância.

Síntese do arcano: O ás de paus anuncia a realização de muitas das ilusões que a pessoa reservava para si. Incrementa seu poder e seu domínio e aporta ilusão e energia positivas, especialmente quando acompanhada pelo louco, pelo imperador e pelo carro.

Dois de Paus

Dois bastões nas cores azul, amarela e vermelha cruzados em forma de aspa e ocupando praticamente a totalidade da carta, enquanto grinaldas com flores ocupam os espaços livres entre eles e os separam. Em uma tirada essa carta indica dualidade física, contrariedades e dúvidas. É um arcano que incita as discussões e o medo.

Plano afetivo: Parece como se problemas e desacordos fossem, de algum modo, semeados nas relações afetivas da pessoa. As contrariedades e as feridas no amor próprio geram melancolia, e muitas vezes as causas dos conflitos podem ser obstinações ou uma obsessão excessiva em algo.

Economia: A fatalidade acarreta gastos inesperados enquanto o dinheiro chega em conta-gotas, o que provoca problemas. Não é possível estabilizar a situação econômica.

Profissão: Por seu caráter de dualidade e oposição, essa carta costuma indicar conflitos também no âmbito do trabalho. Más vibrações entre companheiros estarão na ordem do dia, e desentendimentos semearão discórdias frequentes.

Saúde: O equilíbrio físico se verá do mesmo modo ameaçado e comprometido.

Síntese do arcano: Essa é a carta do desentendimento, das dificuldades e da rivalidade, pelo que obriga a pessoa a constantes lutas que a consomem em inquietações. As rivalidades profissionais serão mais evidentes, quando acompanhadas pela justiça, e a hipocrisia se fará mais notada quando aparecer o arcano sem nome, a sacerdotisa ou a lua.

Três de Paus

Três bastões cruzados pelo seu centro. É a mesma composição do dois de paus, mas agora um terceiro elemento veio equilibrar a oposição e a dualidade anterior. Quando aparece em uma tirada, o três de paus anuncia criatividade, proteção e êxito, especialmente no que se relaciona ao trabalho da pessoa.

Plano afetivo: As relações sentimentais serão felizes e distendidas e a relação com as pessoas mais próximas, excelente. O entendimento e a harmonia reinarão no casal, e um ambiente de paz e serenidade permitirá que se desenvolvam e se reforcem os laços afetivos.

Economia: Os assuntos financeiros encontram-se em um momento de progresso. É como se uma espécie de proteção de uma ordem superior liberasse a pessoa de qualquer dificuldade material. A sorte parece estar com ela.

Profissão: A atividade de trabalho ao indivíduo experimenta súbito impulso positivo. Os negócios transcorrem de maneira fluida e são concluídos fácil e tranquilamente. A sorte parece desempenhar um papel importante.

Saúde: Rápida recuperação física ou moral de qualquer doença.

Síntese do arcano: Estamos diante de uma carta que é sinônimo de facilidade para o movimento e a criação. Uma espécie de conhecimento espontâneo ou clarividência facilita o bom resultado de qualquer atividade ou empreendimento efetuado. Mais reforçadas se veem suas qualidades, quando vêm seguidas pelo juízo, pela imperatriz ou pelo mundo.

Quatro de Paus

Quatro bastões cruzam-se dois a dois em forma de aspa no centro da carta. Além do mais, os quatro encontram-se entrelaçados, como uma indicação de que suas forças estão intimamente unidas para uma mesma finalidade. O encontro dessa carta em uma tirada permite esperar bons resultados no âmbito do trabalho e material. A consolidação e a estabilização de assuntos desta índole parecem que estão garantidos.

Plano afetivo: No casal reina um ambiente de paz e estabilidade. Os laços afetivos são considerados sob um ponto de vista bastante intelectual, o que gera harmonia tranquilizadora e por sua vez, criativa.

Economia: A segurança material se impõe de uma maneira totalmente eficaz, possivelmente apoiada por amizades e contatos sociais. Qualquer projeto que se realize com a devida prudência será coroado pelo êxito.

Profissão: É bom momento para novos contatos e novas relações profissionais. As ambições da pessoa no âmbito do trabalho serão satisfeitas. As condições atuais serão excelentes, pois, o exercício da autoridade, devidamente exercido, vencerá facilmente qualquer obstáculo.

Saúde: Uma perfeita estabilidade física ajuda a vencer com facilidade qualquer doença.

Síntese do arcano: Essa carta vem anunciar tranquilidade, paz de espírito, harmonia e prosperidade, especialmente quando aparece junto com o imperador, com a força, a justiça, o papa ou o carro.

Cinco de Paus

Quatro bastões estão cruzados e entrelaçados, do mesmo modo que na carta anterior e se acrescentou um quinto bastão ao conjunto, permanecendo esse último vertical no centro da carta e também entrelaçado aos demais. O cinco de paus indica que se vão lograr todos os objetivos materiais e profissionais que se havia previsto.

Plano afetivo: A atividade é aqui mais importante do que os sentimentos que nesse caso incluem sempre um forte componente intelectual. É possível que nas relações exista um importante ingrediente de domínio.

Economia: Domínio perfeito sobre as operações e transações financeiras. Os bens da pessoa frutificam e o dinheiro não cessa de entrar. É um bom momento para as atividades econômicas.

Profissão: A atividade profissional da pessoa será fonte de satisfações. Os contratos e os negócios serão levados com reflexão e justiça, e o resultado será sempre muito favorável. O êxito está quase assegurado desde o início de qualquer empresa.

Saúde: Melhora geral da saúde.

Síntese do arcano: Essa é a carta dos desejos satisfeitos, dos compromissos favoráveis e do progresso material e profissional. Indica sucessos e êxito profissional notáveis, especialmente quando acompanhada pela roda da fortuna, pelo mago ou pela imperatriz.

Seis de Paus

Vemos dois grupos de três de paus, cada qual cruzado em forma de aspa e entrelaçados. Essa carta vem indicar uma seleção. Ao encontrá-la algo irá impedir momentaneamente a realização dos planos ou dos projetos, gerando atrasos e produzindo sacrifícios e frustração.

Plano afetivo: A vida sentimental não está atravessando precisamente seu melhor momento. Decepções e contrariedade de todo tipo marcam as decepções e amizades. Com frequência, os problemas são causados por mal-entendidos.

Economia: Gastos inesperados e dificuldades econômicas. As entradas de dinheiro são restritas enquanto se incrementam as saídas, o que traz graves preocupações.

Profissão: Os esforços realizados nesse campo não aportam resultados merecidos. A pessoa está dando muito mais do que recebe, e com frequência tem de enfrentar situações e trabalhos desagradáveis.

Saúde: O estado geral da pessoa decai e se complica.

Síntese do arcano: É a carta do medo e das apreensões. O forte aspecto de dualidade que lhe é inerente vem complicar qualquer situação. Sua influência negativa acentua-se, especialmente quando acompanhada pelo enforcado, pelo arcano número 13, pela lua ou pelo ermitão.

Sete de Paus

Mais uma vez um elemento vertical vem acrescentar-se aos dois grupos opostos de bastões entrelaçados e cruzados, como tínhamos na carta anterior. Ao aparecer esta carta em uma leitura, vem dizer que nossos planos e assuntos se concretizarão e se resolverão de uma maneira muito rápida e favorável. O triunfo e o êxito estão ao alcance das mãos.

Plano afetivo: Boas influências afetarão a vida familiar e a relação do casal. Todo contato com as pessoas mais chegadas será harmônico e satisfatório. Essa carta é como um talismã que evita conflitos e pelejas.

Economia: Qualquer passo mal dado anteriormente, nesse campo se solucionará com rapidez. As dúvidas serão desfeitas e novas e promissoras possibilidades entrarão em cena.

Profissão: Êxito e promoção em nível profissional e social. Todas as dificuldades desaparecerão como por um passe de mágica.

Saúde: Mal-estares que possam ter existido anteriormente serão eliminados.

Síntese do arcano: O sete de paus é a carta do êxito. Aporta força, autoridade e energia, o que permitirá concretizar rapidamente qualquer projeto em marcha, levando-o a bom termo, especialmente quando vier seguido do carro, da roda da fortuna, do diabo ou do imperador.

Oito de Paus

A imagem da carta mostra-nos dois grupos de bastões entrelaçados e cruzados em forma de aspa. A presença dessa carta em uma leitura vem complicar qualquer situação com dificuldades e desgosto. Faz com que a decisão correta seja tomada com atraso e gera ambiente de pessimismo.

Plano afetivo: A incompreensão parece reinar nas relações com os seres mais chegados e os conflitos que se geram deixam ressentimentos. A instabilidade parece marcar todas as relações amistosas e sentimentais.

Economia: Sem chegar a ser catastrófica, a situação financeira é motivo de preocupações. As entradas de dinheiro são claramente insuficientes para ajudar a enfrentar as necessidades. É bem possível que a falta de previsão seja o motivo dos problemas atuais.

Profissão: A atividade profissional não gera satisfação alguma. Os esforços que a pessoa realiza em seu trabalho não são compreendidos nem tão poucos recompensados, acentuando assim, a falta de confiança em si mesma. O consulente encontra-se em situação de debilidade com evidente submissão a seus superiores.

Saúde: É muito possível que a fadiga e a depressão sejam presença constante.

Síntese do arcano: Essa é a carta da instabilidade e da incerteza, desfavorável a qualquer atividade material ou social. Costuma anunciar mais complicações além das normais quando vem acompanhada pelo enforcado, pela torre, pelo ermitão ou pela sacerdotisa.

Nove de Paus

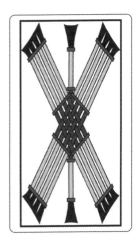

Um novo bastão em posição vertical e ocupando o centro da carta veio acrescentar-se ao conjunto presente na carta anterior, ainda que ficando atrás dos oito elementos. A presença desse arcano menor em uma leitura confere sabedoria e discrição, e leva a bom termo qualquer negócio ou projeto que a pessoa tenha em mãos.

Plano afetivo: O nove de paus tem influência favorável em qualquer tipo de relações amistosas ou sentimentais. Um tranquilo bem-estar rege o casal e a família, dominando o entendimento e a harmonia.

Economia: A prudência e sabedoria permitem crescimento das finanças. Todas as transações serão concluídas com êxito, e qualquer dificuldade será suplantada sem problemas.

Profissão: O conhecimento e o discernimento conferem grandes vantagens no âmbito do trabalho. Qualquer esforço será reconhecido e recompensado, o que fortalecerá a posição do consulente. O êxito coroará qualquer tipo de projeto.

Saúde: Recuperação total da força e da moral.

Síntese do arcano: Essa carta confere segurança e satisfação no âmbito profissional. Reforça a previsão e permite êxito em grande parte devido à prudência e ao discernimento. Suas qualidades positivas são incrementadas especialmente quando acompanhadas pelo papa, pela justiça ou pelo ermitão.

Dez de Paus

Vemos exatamente a mesma composição como a do nove de paus, com a diferença de que os bastões verticais são agora dois em lugar de um. Sua presença em uma leitura indica mudanças positivas e evolução benéfica, especialmente em tudo o que se relacione ao trabalho e ao âmbito material.

Plano afetivo: Há estabilidade na vida familiar, consequência em grande parte, da própria estabilidade financeira. A harmonia também tem matizes intelectuais que se entrelaçam com os afetivos.

Economia: Tudo parece indicar que o aspecto financeiro vai melhorar notavelmente. A segurança atual levará a uma prosperidade firme e duradoura. O êxito final está garantido.

Profissão: O poder e a autoridade conjugam-se para facilitar o êxito. Ajuda e apoio irão facilitar o progresso no trabalho e também a promoção e a ascensão social.

Saúde: A força e a energia se recuperarão com facilidade, tanto no âmbito físico quanto no moral.

Síntese do arcano: Essa carta augura uma feliz realidade na vida do consulente. A melhora, em todos os aspectos, será rápida e efetiva. As qualidades benéficas do dez de paus veem-se reforçadas quando vem acompanhado pelo mundo, pelo sol ou pelo carro.

Valete de Paus

Com as duas mãos para frente, um jovem mantém diante de si, um enorme bastão de cor verde. Essa figura pode representar o próprio consulente, seu filho, seu irmão ou um amigo. É uma carta que favorece o intelecto e o êxito profissional. Com frequência, se lhe considera um mensageiro de boas notícias. Pode ser indício de melhora no campo profissional, econômico ou inclusive espiritual. de qualquer forma, tem sempre a ver com a atividade inteligente e com a energia que se utiliza para realizar ações positivas, e que conduzem ao êxito.

Cavalo de Paus

Um jovem montado em um cavalo sustenta um bastão verticalmente com sua mão esquerda. A aba do seu chapéu desenha uma forma que nos lembra o símbolo do infinito e o conjunto do desenho sugere-nos certa criatividade. Essa carta costuma indicar deslocamentos e bastante animação. Anuncia notícias e acontecimentos e em geral, fatos positivos que tem a ver com o âmbito do trabalho ou com o aspecto econômico. Simboliza também a reflexão e a experiência, a estabilidade e o êxito das empresas.

Rainha de Paus

Os cabelos dessa mulher são notavelmente longos, símbolo da sua extraordinária força. Essa carta costuma representar uma mulher inteligente, ativa, independente, segura de si mesma e até autoritária, mais inclinada ao mundo dos negócios do que ao aspecto sentimental. Pode ser a própria consulente, uma amiga, sua mãe ou sua tia. A rainha de paus faz com que qualquer projeto de tipo material ou profissional seja levado a cabo com facilidade e proveito e também, com que os assuntos pendentes resolvam-se de uma forma fácil e satisfatória. Sua vontade consegue triunfar sobre qualquer adversidade.

Rei de Paus

Vemos um homem sentado de frente, vestido com grande riqueza e trazendo um enorme chapéu sobre o qual se vê uma coroa. Na mão direita, sustenta um cetro de grande tamanho. Esse arcano representa a decisão, o poder e o domínio. Pode referir-se ao próprio consulente ou ao seu cônjuge, a seu pai ou a um amigo. É muito favorável a qualquer tipo de negócios, facilitando seu crescimento, e em geral indica ajuda ou apoio notável a qualquer tipo de situação de índole material. Às vezes, pode também representar um chefe ou uma figura de autoridade. Resumindo, podemos dizer que o rei de paus é a personificação do êxito, da ambição honesta, da atividade e do poder.

Ler o Tarô de Marselha

A preparação para realizar uma leitura do tarô de Marselha deve incluir tanto o entorno quanto o âmbito interior da pessoa. No que se refere ao aspecto interno, as cinco disposições seguintes lhe serão de grande ajuda.

- Manter uma atitude aberta e receptiva, quer dizer, mostrar-se internamente disposto a aceitar o que lhe chegue, sem negar ou rechaçar nada. Ao adotar essa postura de abertura, permitirá que lhe seja concedida a informação de que necessita.
- Permanecer em calma. Caso se encontrar em estado de agitação, dificilmente poderá ouvir os sussurros do seu guia interno. Às vezes, a informação certa chega sob a forma de indicações muito sutis que não poderão ser advertidas por uma mente inquieta e preocupada. Não obstante, quando está em calma, a sua mente é como a superfície de um lago tranquilo, em que qualquer agitação da água é rapidamente captada e percebida.
- Manter a concentração. Na hora de ler o tarô é muito importante estar concentrado e enfocado no que se faz. Quanto maior for a força e a concentração na pergunta, mais clara será a resposta.
- Permanecer alerta. Se estiver atento, todas as faculdades individuais estarão despertas e prontas para captar as mensagens. Cansado ou aborrecido, dificilmente poderá ler o tarô.
- Manter uma atitude de respeito. Significa considerar seu tarô como um instrumento valioso e reconhecer a importância que tem como ajuda para conhecer-se melhor a si mesmo e aos demais.

Essas simples disposições lhe ajudarão a tornar a leitura mais fácil e mais clara, mas na realidade não são imprescindíveis. É possível que sem várias ou algumas delas, realize leituras satisfatórias. Quando tiver dúvida sobre se o instante ou o estado interior é o adequado para realizar uma leitura, o melhor é que pergunte sempre para dentro. Se sente que não, mais vale que o deixe para outro momento.

Contudo, além da disposição interior, é importante procurar confirmação de que o entorno seja o adequado, pois, inevitavelmente, influenciará no estado da pessoa. O lugar ideal para realizar a leitura seria um que inspirasse sentimentos de paz e de tranquilidade ou inclusive de reverência. Pode-se ler o tarô em meio à gritaria de um mercado, mas sem dúvida será muito mais difícil do que fazê-lo em casa, em uma habitação tranquila e agradável.

Por isso, o ideal é buscar o lugar propício. Utilizando-se esse mesmo lugar repetidas vezes, é possível que se vá acumulando nele certa energia que facilitará o resultado. Também é bom criar um ambiente recolhido e aparte do transcorrer dos assuntos da vida diária. Uma habitação isolada seria o ideal, porém, do mesmo modo, qualquer rincão tranquilo servirá. Também é bom que se incorpore qualquer coisa que ajude a criar um ambiente de paz, beleza e significado. Pode ser algum objeto artístico ou pessoal que aprecie, ou simplesmente incenso ou músicas suaves das que se usam para meditar.

Quanto ao cuidado com as próprias cartas, a maioria dos profissionais aconselha guardar o tarô em um pano de fibras naturais, ou melhor, em uma caixinha de madeira, a fim de isolá-lo das energias estranhas que possam interferir. Creem muitos que o tarô vai assumindo o caráter e a energia da pessoa que o utiliza, por isso consideram que não é conveniente que outras pessoas o manuseiem.

A Respeito das Tiradas

Os modelos de tiradas que se podem realizar são quase infinitos, desde o mais simples, que seria extrair uma só carta, até os mais complexos, nos que se podem intervir inclusive as 78 cartas. Cada lugar da tirada possui um significado único que afetará a interpretação do arcano que caia no referido ponto. Para as tiradas mais comuns costumam usar-se entre cinco e 15 cartas. A relação entre algumas cartas e outras, das que conformam uma tirada, de acordo com os lugares que nela ocupam, criará um nível de significados totalmente novo. Assim, verá como surgirão comunicações que irão formando um relato, irão criando uma história, com seus personagens, suas relações e seu desenlace. O trabalho de ir tecendo a referida história constitui a parte mais emocionante e mais criativa da leitura do tarô. de fato, trata-se de toda uma arte, em que a intuição desempenha o papel primordial.

Estando com a disposição interior adequada, e em um entorno em que não venha ser interrompido ou molestado, o melhor é sentar-se diante de uma mesa (ou inclusive no chão), dispondo de certo espaço vazio diante de si. É bom anotar num papel a pergunta concreta que queira realizar. Relaxe e tranquilize a mente. Respire profundamente algumas vezes. Logo, deixe que a sua respiração flua de modo espontâneo e natural. Concentre-se nela. Observe como o ar entra e sai dos seus pulmões sem que tenha de interferir conscientemente nesse processo. Quando já tiver levado alguns minutos observando sua própria respiração e com a mente calma, pegue o tarô nas mãos. Mantenha-o por um momento entre elas.

Há alguns que começam pronunciando uma oração, outros, uma afirmação positiva e outros simplesmente saúdam seu guia interior ou o próprio espírito do tarô. de qualquer modo, o importante não é seguir uma fórmula rígida sem que fale o coração e, sobretudo tendo presente o segredo. A seguir, deve formular a pergunta. Pode fazê-la mentalmente, ou melhor, lendo-a. Assegure-se de que a formule exatamente como escreveu. Um dos mistérios da mente subconsciente é que funciona de uma maneira totalmente literal. As cartas que escolher para a tirada refletirão o tema ou o assunto exatamente de acordo com o que tenha formulado.

Depois, já com os olhos abertos, comece a embaralhar as cartas. Utilize a que lhe resulte mais cômoda e enquanto embaralha, mantenha à mente a pergunta que constitui o motivo da consulta. Não o faça sob tensão nem se esforce com pormenores, mas é importante que, enquanto estiver embaralhando as cartas, a mente se encontre ocupada com o tema da consulta.

Quando sentir que já embaralhou o suficiente (alguns fazem sete vezes, outros, nove), pare e coloque as cartas diante de si. Em seguida, pode cortá-las da seguinte forma:

- Pegue certa quantidade de cartas da parte de cima.
- Deixe-as à esquerda das outras.
- Dessa porção de cartas que separou, tome outra quantidade e deposite-as como outro maço menor de novo, à esquerda.
- Reagrupe os três maços outra vez, seguindo qualquer ordem.

É bom realizar essa operação de forma rápida. Deixe que a mão faça os cortes e volte a reunir as cartas com soltura e sem pensar demasiadamente no que está fazendo. Depois do corte, as cartas já estarão prontas para a tirada.

Nas suas primeiras tiradas, é bem possível que nem sequer lembre-se do significado de alguma das cartas. Os pensamentos e a intuição estarão guiados pelas imagens que nelas figuram. Logo, à medida que vai adquirindo prática, suas interpretações irão se tornando mais sólidas, mas também mais previsíveis. É bom que trate de manter sempre uma mente e uma disposição de principiante e, sobretudo que esteja atento às ideias que lhe cheguem e que pareçam pouco apropriadas ou inclusive claramente fora de lugar.

Uma vez que tenha diante de si todas as cartas que compõem uma tirada, tome alguns momentos para considerá-las. Qual é a impressão geral que lhe causam? Surge-lhe espontaneamente alguma ideia? Se quiser pode escrevê-la, mas que seja com quatro palavras, de uma forma rápida a fim de não se distrair e perder o fluxo da leitura.

Inicialmente, analise cada carta de forma individual, levando em conta o próprio significado de cada arcano e a posição que ocupa dentro da tirada. Depois, deverá passar a enlaçá-las, tratando de esboçar o significado conjunto de todas elas e tentando captar as indicações que lhe dão para o futuro. Esse procedimento deve ser feito da maneira mais espontânea possível. Uma vez que tenha analisado cada uma das cartas, baseando-se nos seus conhecimentos acerca da mesma, deixe de lado essas ideias e abra-se ao que lhe surgir, partindo do seu interior. Expresse qualquer coisa que lhe venha à mente. Pode utilizar as anotações que tenha feito previamente, mas não se centralize excessivamente nelas. Meu conselho é que fale em voz alta. Escrever é lento e quando realiza todo o processo de modo mental existe o risco de que se torne demasiado vago. Não obstante, com a palavra falada, a interpretação irá tomando força. Se de momento, se lhe interrompe o fluxo de ideias, não se preocupe, simplesmente faça uma pausa, repasse o feito até agora e logo se lhe retoma a interpretação. À medida que se pratica, tudo irá se tornando cada vez mais fluido. Para alguns resulta em grande ajuda o fato de gravar a voz. Ao ouvir mais tarde a gravação, é possível que se surpreenda.

Cartas Invertidas

Ao embaralhar o tarô ocorre, às vezes, que algumas cartas se posicionem invertidas, aparecendo assim, quando se realiza a tirada. Habitualmente, considera-se que as cartas invertidas manifestam o mesmo tipo de energia que as demais, se bem que sua intensidade e por isso sua influência, na situação que se representa com a tirada, é muito menor. Os cuidados com o arcano em questão sempre devem estar presentes, mas em nível muito mais leve, com muito menos vitalidade. É possível que a energia representada pela carta esteja se desenvolvendo ou ainda que já se encontre em fase de declínio, aproximando-se da sua extinção. Essa norma é aplicável, tanto às cartas que apresentam conotação positiva, quanto àquelas outras consideradas negativas. Quando em uma leitura, aparecem muitas cartas invertidas, isso costuma significar indício de que as energias estão em um ponto muito baixo, ou melhor, de que a situação não esteja claramente definida. Talvez a pessoa não tenha um propósito claro, ou se encontre muito aturdida, ou a situação esteja muito confusa.

Alguns Exemplos de Tiradas

Seguem-se alguns exemplos de tirada. Com o tempo, você mesmo desenhará a tirada, ou as tiradas que lhe sejam mais cômodas, ou mais apropriadas para as consultas que você realiza com mais frequência.

Tirada de três cartas

É uma das mais simples. Pode utilizar-se para assuntos que requeiram uma resposta rápida ou quando se deseja obter uma visão efetiva e simples de certa situação. Essa tirada admite diversas formas de leitura. As que se seguem são duas das mais utilizadas:

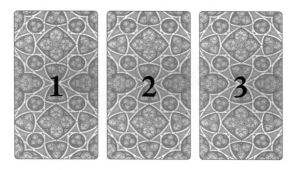

- Carta 1: representa a situação atual.
- Carta 2: representa o curso da ação que deve tomar.
- Carta 3: indica o resultado que pode esperar quando se realiza o que foi aconselhado pela carta número dois.

Outra possível interpretação dessa tirada

- Carta 1: indica os fatos, ou os sentimentos do passado que geraram ou conduziram à situação atual.
- Carta 2: representa a situação atual. O estado presente das coisas.
- Carta 3: mostra o futuro. A forma pela qual o assunto vai evoluir.

Tirada de cinco cartas

É parecida com a anterior, mas traz um pouco mais de informação a respeito do assunto consultado. É o significado de cada uma das cinco cartas que formam a tirada:

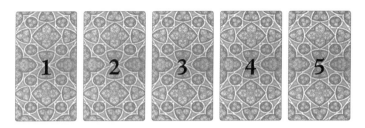

- Carta 1: o passado. Representa as circunstâncias e as influências que levaram à presente situação.
- Carta 2: reflete o estado atual das coisas.
- Carta 3: as influências ocultas. Essa carta indica certos aspectos da questão dos quais a pessoa não foi consciente até agora ou não os levou devidamente em conta.
- Carta 4: aconselha qual é a maneira adequada de proceder nesse momento.
- Carta 5: o resultado. Mostra o que a pessoa vai obter, se seguir o conselho recebido através da carta quatro.

Tirada das sete cartas

É semelhante à tirada de três cartas, mas traz uma informação mais complexa e graduada:

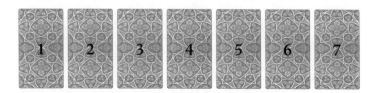

- Cartas 1 e 2: representam o passado, os antecedentes que trouxeram a atual situação.
- Cartas 3, 4 e 5: o presente, mostram qual é a situação atual.
- Cartas 6 e 7: o resultado, indica qual será o futuro se seguir os conselhos recebidos (caso os haja).

Tirada para tomar uma decisão

É muito apropriada como ajuda na hora em que precisamos decidir sobre algum assunto, a respeito do qual não temos ideias totalmente claras.

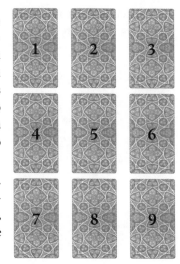

- Cartas 1, 4 e 7: mostram o passado. Ajudam-no a esclarecer a compreensão acerca da situação atual e também podem registrar aqueles dados que, procedentes do passado, irão ajudá-lo ou lhe dificultarão o alcance do resultado que espera.
- Cartas 2, 5 e 8: o presente. Indicam o que está acontecendo exatamente agora, com respeito à decisão que venha a tomar.

Cartas 3, 6 e 9: o futuro. Indicarão de algum modo qual é o caminho que deve ser seguido. Ou talvez, inclusive, digam-lhe abertamente que não é o momento adequado para tomar a decisão que planejou.

Tirada a da ferradura

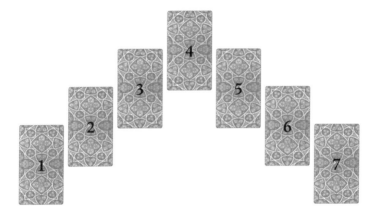

Essa tirada extremamente simples é uma das minhas preferidas.
- Carta 1: o passado. Sucessos já ocorridos que influenciaram a situação presente.
- Carta 2: o presente. Amplia sua visão acerca do atual estado das coisas.
- Carta 3: o futuro imediato. Os sucessos que ocorrerão proximamente e que afetam o assunto que lhe interessa.
- Carta 4: algo que desconheça ou de que não é consciente e que tem uma relação importante com o tema que lhe interessa.
- Carta 5: a atitude dos demais. Atitudes e pensamentos dos que o rodeiam, em relação ao assunto que originou a tirada.
- Carta 6: um obstáculo. Algo que deverá vencer se quiser lograr seu propósito.
- Carta 7: o resultado final. O que finalmente ocorrerá.

Tirada da cruz celta

É talvez a tirada mais conhecida, especialmente nos países anglo-saxões.

Uma das interpretações mais usuais da cruz celta é a seguinte:

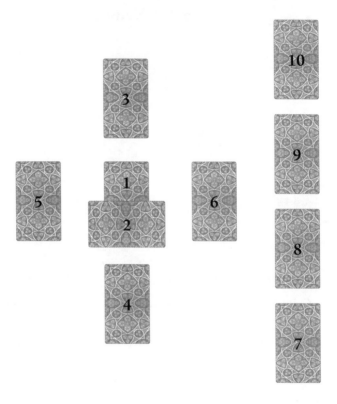

- Carta 1: descreve o consulente e sua situação atual.
- Carta 2: qualquer coisa que interfira nessa situação ou que se experimente como uma forma de resistência.
- Carta 3: o mais importante no consulente ou na consulta. As forças que afetam a pergunta.
- Carta 4: como se chegou a essa situação.
- Carta 5: algo que o consulente fez recentemente a respeito.

- Carta 6: o que vai fazer agora o consulente.
- Carta 7: papel que o consulente desempenha na pergunta ou em dada situação.
- Carta 8: papel que desempenham outras pessoas na pergunta ou natureza do entorno.
- Carta 9: descreve o que ilude o consulente, o que deseja realizar. Talvez também o que o assusta.
- Carta 10: mostra o resultado que pode ser esperado, levando em conta todo o anterior.

Tirada Yin Yang

Este é um exemplo de tirada um pouco mais complexa, desenhada para iluminar situações nas quais duas pessoas ou dois grupos mantenham pontos de vista distintos ou inclusive opostos acerca de um assunto determinado. Suas posições são opostas, mas não necessariamente hostis.

Nessa tirada as cartas três, cinco, sete e nove representam um dos lados ou dos bandos, a que vamos denominar "A" enquanto que as cartas quatro, seis, oito e dez representam o outro lado a que chamaremos "B". Antes de iniciar essa tirada, deverá decidir qual pessoa ou grupo é o lado "A" e qual é o "B". As cartas um e dois representam a linha divisória entre ambos os grupos, quer dizer, o núcleo do conflito entre eles. A carta 11 é a chave do conflito e a 12 representa o resultado. A disposição das cartas está na próxima página:

- Carta 1: um dos fatores que contribuem para o problema.
- Carta 2: outro dos fatores que contribui para o problema.
- Carta 3: posição ou postura oficial do lado A. É também a impressão que quer causar.
- Carta 4: postura oficial do lado B. É também impressão que quer causar.
- Carta 5: o que pensa e sente o lado A. O resultado que seria ideal para ele.
- Carta 6: o que pensa e sente o lado B. O resultado que seria ideal para ele.

- Carta 7: o que pensa e sente de um modo inconsciente o lado A. As motivações profundas.
- Carta 8: o que pensa e sente de um modo inconsciente o lado B. As motivações profundas.
- Carta 9: guia para o lado A. O que deverá fazer para lograr o que deseja. Sugestão: A e B
- Carta 10: guia para o lado B. O que deverá fazer para lograr o que deseja.
- Carta 11: guia para ambos os lados, A e B. Chave para a compreensão do conflito. Como cada um dos lados deve ceder algo de sua parte. SUG: A B
- Carta 12: resultado.

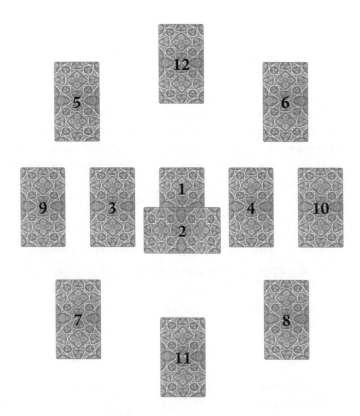

Para interpretar essa tirada é importante que se fixe primeiramente nas cartas um e dois, a fim de que deva ter uma ideia básica do conflito. Na sequência, examine cada um dos lados de forma separada. Para o lado A, olhe as cartas: três, cinco e sete e para o lado B, olhe as cartas: quatro, seis e oito. Comparando os pares: três – cinco e quatro – seis perceberá a diferenças que existem entre as posições admitidas externamente por ambos os lados e seu sentido real e interno. Os pares cinco – sete e seis – oito mostram as diferenças entre os pensamentos e sentimentos conscientes e inconscientes de cada um dos lados.

Tirada para saber sua missão nessa vida

Essa tirada lhe permitirá uma visão de qual é o propósito de vida a você e os obstáculos que enfrentará e vencerá, detalhando o passado e o futuro, assim também sua situação atual e no que estiver trabalhando no presente momento. Com ela poderá obter indicações muito valiosas de como seguir seus passos para cumprir o próprio destino da melhor forma.

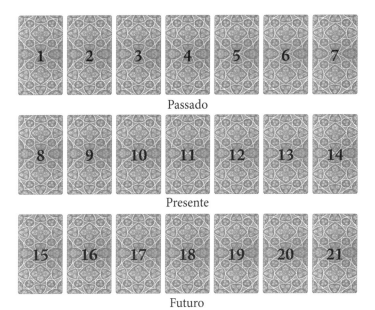

- Cartas 1 a 7: representam o que você conseguiu até o momento presente.
- Cartas 8 a 14: A segunda fila indica aquilo em que está trabalhando na atualidade. A missão a cumprir no momento atual.
- Cartas 15 a 21: a terceira série de sete cartas lhe mostrará o que vai lograr sua contribuição para esse mundo. Indicará como vai influir nesse mundo e como ele vai influir sobre você. Revelará qual é na realidade sua missão nessa vida.

Conclusão

Talvez o mais importante seja a forma, e a medida que os ensinamentos obtidos por meio do tarô integram sua vida. Uma vez feita a tirada e uma vez concluída a interpretação, é quando começa o trabalho interior. Agora você precisa assimilar e aplicar praticamente os ensinamentos recebidos. Se assim não fizer, seus trabalhos com o tarô se converterão em simples passatempo, sem lhe servir de ajuda real. Por isso, deverá decidir quais as ações que vai empreender, para aplicar em sua vida os novos ensinamentos que lhe chegaram. Talvez tenha de reforçar algum comportamento atual ou quem sabe, fazer certas mudanças quer sejam elas pequenas ou radicais. As ações concretas são sempre melhores do que os planos nebulosos. Se tiver um diário, o que lhe aconselho, é bom que escreva o que vai fazer.

Se sua mente lógica interfere com algumas das medidas que o tarô lhe indicou que deve tomar, é possível que se sinta estimulado a fazer uma nova leitura. Meu conselho é que não o faça. O mais indicado, antes que realize uma nova tirada para perguntar sobre o mesmo assunto, é que espere até que a situação tenha experimentado mudanças importantes. Se há algo que não vê com clareza, tente aprofundar nas indicações recebidas. Trate de permanecer aberto e atento. A vida está nos falando todo o tempo, só que o ser humano esqueceu como ouvir suas mensagens. O tarô é simplesmente uma ajuda a mais nesse sentido.

Desejo-lhe, de todo coração, que o tarô ajude-o a melhorar sua vida, a ser mais feliz e a evoluir pelo caminho da luz. Que assim seja.